U0918923

—— 作者 ——

格雷厄姆·普里斯特

墨尔本大学和纽约市立大学研究生中心哲学教授，圣安德鲁斯大学定期访问学者，毕业于剑桥大学和伦敦政治经济学院。主要从事逻辑悖论、弗协调逻辑和元哲学研究。主要著作有《非经典逻辑学简述》等。

[英国] 格雷厄姆·普里斯特 著　史正永 韩守利 译

简明逻辑学

牛津通识读本·

Logic

A Very Short Introduction

译林出版社

图书在版编目（CIP）数据

简明逻辑学 /（英）格雷厄姆·普里斯特（Graham Priest）著；史正永，韩守利译．—南京：译林出版社，2023.1
（牛津通识读本）
书名原文：Logic: A Very Short Introduction
ISBN 978-7-5447-9388-9

Ⅰ.①简… Ⅱ.①格… ②史… ③韩… Ⅲ.①逻辑学 Ⅳ.①B81

中国版本图书馆CIP数据核字（2022）第154242号

著作权合同登记号　图字：10-2014-197号

简明逻辑学　［英国］格雷厄姆·普里斯特 / 著　史正永　韩守利 / 译

责任编辑　许　昆
装帧设计　韦　枫
校　　对　梅　娟
责任印制　董　虎

原文出版　Oxford University Press, 2000
出版发行　译林出版社
地　　址　南京市湖南路 1 号 A 楼
邮　　箱　yilin@yilin.com
网　　址　www.yilin.com
市场热线　025-86633278
排　　版　南京展望文化发展有限公司
印　　刷　南京新世纪联盟印务有限公司
开　　本　850 毫米 ×1168 毫米 1/32
印　　张　4.75
插　　页　4
版　　次　2023 年 1 月第 1 版
印　　次　2023 年 1 月第 1 次印刷
书　　号　ISBN 978-7-5447-9388-9
定　　价　59.50 元

序　言

鞠实儿

在我学习生涯刚开始时，父亲就对我说："读书首先要细读序和跋，其中包含的知识会帮助你理解书的内容。"多少年过去了，现在轮到我来为书作序了，目的当然是为读者把握全书提供条件。

如何做到这一点呢？途径大致有二。其一，微观法。通过对其组成部分及各部分间相互关系的描述，揭示篇章间的前后关照，展现全书的结构，让人易于对书的内容入木三分。学人曰：慎思。其二，宏观法。借助一个超越其内容的"宏大"叙事，烘托出全书背景，由此催发阅读心态在时空中扩张，让人易于自我感觉登高望远。学人曰：反思。

《简明逻辑学》一书（以下简称本书）概要地介绍了现代逻辑的两个主要组成部分即演绎逻辑和归纳逻辑的基本概念，分别涉及：命题演算、谓词演算、模态逻辑、条件句逻辑、时态逻辑，以及归纳概率逻辑和决策逻辑等多个逻辑分支。其中各个章节都起始于直观案例的分析，采用基于自然语言的论证阐述相关逻辑分支的主要原理，并且在内容上相对独立。因此，本书旨在给予初学者关于逻辑研究对象和内容的整体性观念。而一个整体只有放到另一个更大的整体中才能充分地显示它的整体特征。所以，本序言将采用宏观法，阐明逻辑的观念与谱系，逻辑与文化的关系，以及逻辑学的问题与演进，进而展现作为本书主题的现代逻辑在逻辑谱系和人类文明中的作用和地位。

“逻辑”一词指称一类对象，逻辑学是关于逻辑的理论。问题是：被称为逻辑的那一类对象是什么，即逻辑是什么？按“词的意义就是它的用法”这一标准，研究者必须按照词的实际用法来回答问题。回答这一问题有两种方法。其一，考虑某个人或某群体对该词的用法。由于这涉及如何选择研究对象，故可称为主观法。其二，考虑在使用该词的广泛人群中，该词的各种不同用法。由于对研究对象的限定独立于研究者的态度，故可称为客观法。此处主观与客观之分不具褒贬之意。由于本序言采用宏观法，试图超越某个研究者和流派，给出逻辑及其理论的整体图景，所以运用客观法探讨“逻辑”一词的意义。不过，为了避免任意性，我们主要考虑人们时常使用的各种用法。

虽然观点不尽相同，但包括本书作者在内的许多逻辑学家都对“逻辑”一词的各种用法进行了讨论。其中，比较有影响的是德国的西方逻辑史家肖尔兹，在《简明逻辑史》（张家龙译，商务印书馆1977年出版）一书中，他使用“逻辑”一词分别指称六种不同的逻辑类型。第一种是起源于亚里士多德的形式逻辑的古典类型，本书第十四章将谈及它的历史地位。第二种是所谓的扩展的形式逻辑，它由《王港逻辑》的作者（1662）和兰贝特（1764）

在亚里士多德形式逻辑系统中加入方法论、语义学和认识论等新东西而成。在第三种用法中，逻辑指最广义的获得科学认识的工具的理论。第四种类型可称为归纳概率逻辑，本书第十章至第十三章专门对它进行了介绍。第五种是思辨逻辑，它的代表是黑格尔和康德：在前者看来，逻辑是关于自在自为的理念的科学，主要涉及本体论和认识论；后者主要研究判断的认识论内容。第六种就是起源于弗雷格和罗素的形式演绎逻辑的现代类型，包括经典数理逻辑及其扩展系统，如模态逻辑系统和非经典逻辑系统等，它恰是本书介绍的重点。

近三十年来，北美和欧洲的逻辑学家已经发展出逻辑的一个新分支——非形式逻辑，它是分析、解释、评价和构建日常论证的规则。它之所以被称为“非形式”，主要是因为这些规则并不依赖于形式逻辑的有效性概念，而是建立在语用合理性概念的基础上。为了分类的完整性，我们称上述逻辑中以有效性概念为基础的逻辑为形式逻辑，它主要包括传统的亚里士多德演绎逻辑和现代演绎逻辑等；其余的称为广义非形式逻辑，它主要包括非形式逻辑、归纳逻辑和思辨逻辑等。值得一提的是：当我们发明一种我们乐意称之为逻辑的东西时，“逻辑”一词也就有了另一种用法。问题只是这种新的用法在多大程度上为人们所使用。

现在，让我们把目光转向西方文化之外更为广阔的天地。在讨论非西方文化或比较西方和非西方文化时，人们常常提及如下词汇：中国古代逻辑、印度佛教逻辑和伊斯兰逻辑，甚至还有阿赞德（一个非洲黑人部族）逻辑等等。相对于西方传统，中华文明背景下的逻辑具有不同的目标、主导推理类型和推理成分的分析，例如墨家逻辑。绝非巧合地，人们也发现起源于印度文明的佛教逻辑与隶属于西方文明的逻辑具有实质的区别。一些学者指出：人类学家对偏远地区居民思维习惯的研究揭示，我们所接受的逻辑规律只具有局部而非普遍的权威，某些边远地区居民具有与我们不同的逻辑。维特根斯坦后期著作甚至包含这样的想法：可能存在与我们不相容的语言游戏或生活形式，它使用的逻辑规则和推理程序与我们所认可的有实质的区别。这一切表明："逻辑"一词可用来谈论非西方文化中的那些与西方文化中的逻辑不同的东西。它向我们暗示的结论只有一个，那就是：不同的文化可以有不同的逻辑。由此可得如下逻辑谱系：

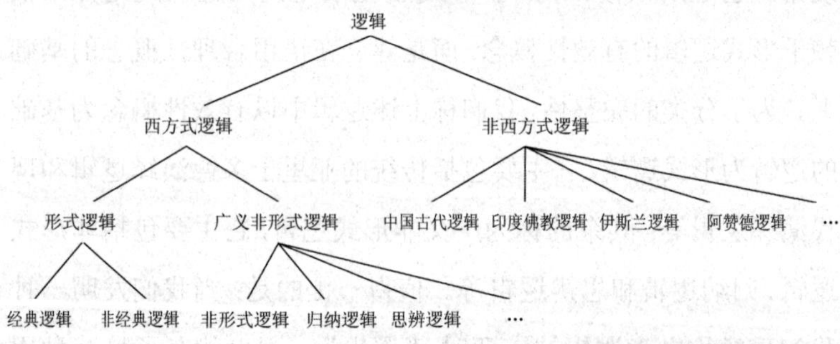

上述谱系枚举了"逻辑"一词的已知主要用法，它是否能看作"逻辑"一词用法的枚举定义？是否能够从中抽象出各种用法的共同特性，从而给出"逻辑"一词的本质主义定义？我本人在《逻辑学的问题与未来》(《中国社会科学》，2006年第6期）一文中得到的结论表明：即使仅仅针对谱系中西方逻辑这一部分，传统的逻辑定义也无法给出它们的共同特征，进而给出一个局部适用的定义，更不用说满足整个谱系了。退一万步，假定我们能够给出“逻辑”一词用法的严格定义，使之覆盖谱系中所有成员，这也不禁止我们超越该定义用一种新的方式使用“逻辑”一词。正如维特根斯坦在《哲学研究》（1953）一书中指出的：“我可以对概念‘数’作出严格的限定，也就是把‘数’这个词用作一个严格限定的概念，但是，我也可以这样来使用这个词，使这个概念的外延并不被一个边界所封闭。而这正是我们使用‘博弈’一词的方式。”这就是说：词的用法的谱系是可延展的，它构成了一个开放类，一旦谱系延展，原先的严格定义或限定都自动消亡！事实上，概念和词义的生成和变化的历史已经反复印证了这一观点。因此，我们既不能从逻辑谱系得到所要求的本质主义定义，也不能得到枚举定义。

但是，这绝不意味着完全无法刻画“逻辑”一词的用法。我们通常采用描述手段给出相关用法的典型特征。但是，这些特征至多为已有的各种用法所具备，并不构成所谓的严格定义。常见的典型特征有：（1）有效论证的规则；（2）思维的形式和规律。尽管（1）给出了本书第二章至第八章所涉及的逻辑类型一和六的典型特征，但它显然忽略了谱系中的非形式逻辑。其次，本书第八章介绍的时态逻辑和第十一章至第十三章所涉及的基于概率频率解释的归纳逻辑，它们都具有本体论背景，讨论客体的性质，无论如何不满足（2）。然而，依据这些典型特征所做的分类可以局部地刻画某一逻辑学分支或已知逻辑类型，可以指导局部范围内的研究工作。因此，基于这些特征的局部的逻辑定义依然有其价值。

进一步，从人类文明和社会发展的角度看，将逻辑仅仅理解为有效论证的规则以及思维的形式和规律，这或多或少失之偏颇。事实上，人类最普遍的社会交往活动之一就是论辩。在论辩的过程中，论辩者以某种方式通过语言促使论辩参与者采取或抛弃某种立场。论辩是一种特殊的语言博弈，而逻辑则为这种语言博弈提供规范。如所周知，从莱布尼兹、维特根斯坦、欣提卡到桑杜，一直以来有不少学者从语言博弈的角度刻画逻辑。近年来，本特姆等倡导用逻辑来刻画博弈。不仅如此，我和我的合作者的工作表明：相当一部分形式的逻辑可以用语言博弈严格地描述。这一想法的洞察力在于：当我们独自一人写下某命题的证明时，另一个与之矛盾的命题被反驳了，而我们不能认定上述两个命题同时为真，因此，证明总是一个默认多主体的博弈。更一般地说，任何一个支持某个观点、为其辩护的过程都可类似地被视为一个博弈过程。由此可知，从博弈的观点出发有可能对逻辑作出更为全面和恰当的描述。

如所周知，中国古代逻辑、印度的佛教逻辑和希腊传统的西方逻辑，三者以各自不同的方式为不同的文化提供论辩的方法。但是，西方逻辑——无论是形式逻辑还是广义非形式逻辑——所考虑的论证仅默认了西方文化和源自西方理念的主流社会，它们无法覆盖逻辑谱系中他文化的论证。为此，我们引入所谓的“广义论证”概念：在给定的文化中，主体依据语境采用规则进行的语言博弈，旨在从前提出发促使博弈者或参与主体拒绝或接受某个结论。其中，主体隶属于文化群体，语言包括自然语言、肢体语言和图像语言等。按照上述定义，逻辑就是广义论证的规则（简称逻辑的广义用法或广义逻辑），逻辑学就是关于广义论证的规则的理论（简称广义逻辑学）。由于逻辑谱系中的成员均为证明、支持某个观点或替其辩护提供规则，因此逻辑的广义用法或广义逻辑范畴确实覆盖了逻辑谱系中的所有成员。但是，由于“逻辑”一词用法的开放性，广义逻辑的定义——作为局部定义——依然不可能概括“逻辑”一词的所有用法。

不论人们如何对“逻辑”一词的各种用法和相互关系进行分析，不争的事实是：在人类文明中存在多种不同的逻辑类型，它们有各自的演变过程，且有多种发展的可能性。假定有一个逻辑类型，不论它先前是否存在，如果它取代另一逻辑类型而成为逻辑学最为关注的研究对象，则称这一历史事件为逻辑学转向。以下，我们将利用这一概念探讨逻辑学的过去、现在和将来。

如所公认，逻辑学史上第一个主流逻辑类型是亚里士多德逻辑。它的主要任务是给出一系列推理规则，规则的功能就是从给定的一些公理和假设得出科学定理。弗雷格认为，为数学奠定基础是逻辑学发展的首要目标。作为追求上述目标的结果，人们给出了一系列以“数理逻辑”一词标记的逻辑系统及其元理论，本书第二章至第三章将介绍它的一些初级概念。作为形式逻辑的现代类型，它在研究目标、理论内容和表达形式等方面完全不同于亚里士多德逻辑，并从20世纪初开始取代后者成为逻辑学研究的主流。我将这一切称为：逻辑学在历史上的第一次重大转向，即逻辑学的数学转向。目前，这一方向上的逻辑学研究已经相当成熟。

很多学者注意到，几乎就在数理逻辑理论酝酿和发展的同时，逻辑学萌发出另一个发展方向：19世纪中期，布尔认为："逻辑"一词在根本的意义上是指思维规律。不仅如此，他还认为，在逻辑学中，思维的形式规律与代数相同。20世纪初期，希尔伯特的广义形式主义认为：思维是某种类型的证明；证明是根据作用在符号形式上的规则进行的符号转换。稍后，图灵的工作表明：物理的机械可以执行一个一度被认为是心灵特有的操作。20世纪中期，福多尔将图灵机与推理模型结合，提出形式符号加工作为所有认知行为的隐喻：心灵的计算理论。经过这样一个漫长的过程，人们终于认识到：可以运用图灵机隐喻来理解人类的认知过程。在信息科学时代，上述理论方向又被注入新的活力。20世纪中后期，计算机科学进入了知识处理和智能模拟阶段。构造逻辑系统描述（高级）认知过程，进行知识表达与处理和研制新型软件，这已成为逻辑学研究的主流方向。根据这一切，我本人在20世纪末指出：逻辑学正在经历它诞生以来的又一次重要的变化：从起源于弗雷格的以数学基础研究为背景的逻辑学，转向构造认知过程的规范性或描述性模型的逻辑学，这就是所谓逻辑学的认知转向。目前，这一方向上的逻辑学研究正在蓬勃发展。

从逻辑学史可知，对人类社会生活的关心是逻辑及其相关理论产生的主要动因之一。当今世界充满了基于文化差异的政治、经济和外交冲突。人类的理想是使用非暴力的手段解决所有由此而引起的危机。不同民族的文化各有其特征，经过长期的积淀，形成其各自的论辩和交流方式；它们提供了通过言语交流解决冲突的可能途径。逻辑的广义用法有一个突出优点，它允许我们从同一个角度研究一系列起源于不同文化的逻辑类型或论辩规则，为解决跨文化论辩问题提供理论基础。在这里，一个首要的逻辑哲学问题是：广义逻辑范畴中各种具有不同文化背景的逻辑具有合理性吗？我在《论逻辑的文化相对性》(《中国社会科学》，2010年第1期）一文中表明：我们必须采用由澄清概念、建立假设和逻辑推理等诸多环节组成的当代研究方法来解答问题。否则，根据当代学术传统，问题的解答不为人所认可。采用这一方法得到两个结果。(1）如果不事先接受人为的约定和假设，解题必陷于循环论证或无穷倒退；因此，对于任何文化中的逻辑，我们没有办法证明它具有绝对的或普适的合理性或不合理性；由此得到逻辑的文明平等原则：西方文化中的逻辑与其他文明中的逻辑一样，它们都没有绝对的超越的合理性。(2）如果事先接受这些约定和假设，那么我们可以证明：无论在元理论还是在对象理论层面上，从描述还是从规范的角度看，不同文化中的逻辑均相对于它所属的文化具有合理性。

既然从合理性评价的角度看，不同文化的逻辑是平等的，它们相对于各自的文化背景都是合理的，那么只有通过平等对话的方式进行交流。然而，这一切只有通过了解对方的推理和论辩方式才有可能实现。因此，研究各民族的论辩和交流方式，并实现有效交际，以及探究不同的民族文化造成的人们在论辩方式上的差异，使跨民族的交流和相互理解成为可能，这两者是全人类面临的课题。这就要求我们将逻辑学研究的注意力从科学技术问题转向人类文化的差异和融合。由此引起的将是逻辑学的文化转向。目前，这一转向正在形成之中。至此，本序言的主体部分已经完成。

最后，我将对如何阅读本书译本提出建议。若将本序言看作本书译本的一个部分，后者可被誉为深入浅出。读者可以先读序言中关于逻辑学的三个转向的论述，接着按章节顺序阅读正文部分，然后再回过头来研究序言。这一切就犹如：新手出海之前先遥望陌生的远方，接着穿越平静的港湾，然后融入星空下放荡不羁的大洋！

谨以此书献给那些思考过逻辑学或
将要思考逻辑学的人

目　录

前 言

逻辑学是最古老也是最现代的学科门类之一。它始于公元前4世纪。比它更古老的学科只有哲学和数学，三者紧密相连。19和20世纪之交，逻辑学发生了变革，引入了新的数学技巧。过去的50年里，逻辑学在计算和信息处理方面起到了新的重要作用。因此，就人类思想和行为而言，逻辑学是一门中心学科。

这本书汲取现代逻辑学家的观点，对逻辑学作了简单介绍，但它并不是一本教科书。当今，这样的图书比比皆是。这本书的独特之处在于，它想要探寻潜藏在哲学深处的逻辑学之根源。在此过程中，形式逻辑学也得到了阐释。

我在每一章的开始都提出了一个特定的哲学问题或逻辑难题。然后我指出了一种解决方案。这一方案通常颇为标准，但某些时候，却没有标准答案：逻辑学家之间仍有分歧。在这样的情况下，我就只是选取了其中最为有趣的一种方案。对于几乎所有的方案（无论标准与否），都可以提出质疑。每章结尾，我都指出了方案存在的问题。有时候，这些问题是标准的，有时候却不是。有时候，答案很简单，有时候，答案不一定很简单。目的是为了激励你来作出回答。

现代逻辑高度数理化了。我写作的时候试图避免涉及数学。只有最后几章需要用到一点中学里学过的代数。你会需要掌握一些新的符号，但是，跟学习一门语言的基础知识相比，这简直不值一提。符号简化了复杂问题，使你更容易弄明白。但要提醒一点：读逻辑学或哲学书可不同于读小说。有时候，你得放慢速度，仔细地阅读。有时候，你得停下来想一想，还有在必要的时候要准备好回头读上一段。

本书的最后一章论述了逻辑学的发展。在这一章里，我将前文叙述过的一些问题放到一个历史背景之下，指出逻辑学是一门活生生的学科，它一直在发展，仍将继续发展。这一章也给出了推荐书目。

本书有两个附录。第一个是术语与符号表。你忘记名词或符号的意义的时候，可以查阅一下。第二个是每一章的思考问题，你可以用它来测试一下你是否理解了每一章的要点。

本书追求广度而非深度。每一章的论题都可以拿出来独立成书——真的，这样的书有很多。即便如此，本书里没有谈到的重要逻辑问题仍有很多。但只要你看完本书，你对逻辑学的基础就已经有了一个很好的掌握，同时你也能理解为什么人们愿意思考这门学科了。

第一章

效度：根据什么样的原因而得出什么样的结论？

大多数人喜欢自认为是有逻辑头脑的。告诉某人“你没有逻辑”通常是一种批评。没有逻辑就等于困惑的、混乱的、不理智的。但是逻辑又是什么呢？在刘易斯·卡罗尔[①]的《镜中世界》中，爱丽丝遇见了两个极具逻辑性又难以区分的人——Tweedledum和Tweedledee。当爱丽丝不能说话时，他们对她进行了挖苦攻击：

> “我知道你在想什么，”Tweedledum说道，“但现在却不是这样的，绝对不是。”
>
> “相反，”Tweedledee接着说道，“如果曾经如此，那就可能如此；如果现在如此，那就如此：但是现在不如此，那就不如此。这就是逻辑。”

Tweedledee做的——至少在卡罗尔的模仿滑稽作品中——

① 刘易斯·卡罗尔（1832—1898）：查尔斯·道奇森的笔名。英国数学家和作家。以为娱乐朋友的小女儿而写的关于爱丽丝的书而闻名，它们是《爱丽丝漫游奇境》（1865）和《镜中世界》（1872）。——本书注释均由译者所加，以下不再一一说明。

是推理。并且，正如他所说的，那就是逻辑。

我们都进行推理。我们设法根据所知道的进行推理，推断出为何如此。我们设法通过列出原因来劝说他人：某事就是如此。逻辑学研究的是什么可以算是某事的一个很好的原因，以及它为何是一个好原因。但是你必须按照某种方式来理解这一论断。以下是两点推理——逻辑学家称之为**推论**：

1. 罗马是意大利的首都，这架飞机在罗马着陆；因此，这架飞机在意大利着陆。
2. 莫斯科是美国的首都；因此，你不可能去了莫斯科而没有去美国。

在每一种情况下，"因此"前的断言——逻辑学家称之为**前提**——是陈述原因的；"因此"后的断言——逻辑学家称之为**结论**——被认为是由这些原因所导出的。第一个推理很好；但第二个推理是不算数的，也不会说服任何有地理常识的人：因为前提——莫斯科是美国的首都——就是错误的。但是请注意，如果前提是真实的——比如说美国已买下了整个俄罗斯（而不仅仅是阿拉斯加）并且把白宫搬到莫斯科，以便离欧洲的权力中心更近——结论就会真的成立了。结论要由前提推导而出，这就是逻辑学所关注的。它可不关注一个推论的前提是对还是错。那是其他人的事（在这个例子中，是地理学家的事）。逻辑学只关心结论是否由前提推导而出。逻辑学家认为，结论确实由前提推导而来的一次推理是**有效的**。逻辑学的中心目标是理解效度。

你也许会认为这是一项非常枯燥的工作——一种吸引力不

图 1　Tweedledum 和 Tweedledee 与爱丽丝辩论逻辑的要点

如解开纵横字谜的智力活动。但结果证明这不仅仅是一个非常难以解答的问题，还与许多重要的（有时是深刻的）哲学问题难以分开。随着讨论的展开，我们会看到这一点。现在，让我们来直接讨论一些有关效度的基本问题。

首先，一般要区分两种不同的效度。为了理解这一点，请思考以下三个推理：

1. 如果夜贼从厨房破窗而入，在窗外就会留下脚印，但是没有脚印留下；因此，夜贼没有从厨房破窗而入。
2. 琼斯手指上有尼古丁的痕迹，因此琼斯是个吸烟的人。
3. 琼斯每天买两包烟，因此有人在厨房的窗外留下了脚印。

第一个推理是一个非常直接的推理。如果前提正确，结论也必然正确。换句话说，若没有结论的同时正确，前提就不能算是正确。逻辑学家称这样的推理为**有效的演绎**。第二个推理有点不同。前提很清楚地为结论提供了一个很好的理由，但结论却不是结论性的陈述。别忘了，琼斯之所以手指上有尼古丁痕迹，可能仅仅是想让别人认为他是个抽烟的人。因此，此推理不是有效的演绎。像这样的推理通常被认为是**有效的归纳**。相比之下，第三个推理根据任何一个标准都无望成为有效推理。前提似乎没有为结论提供什么理由。此推理不论在演绎上还是在归纳上都是无效的。实际上，因为大家都不是白痴，如果有人确实提出了这样一个理由，人们就会假定还存在某个无须告诉我们的前提（也许是某人通过厨房窗户把烟递给琼斯）。

归纳效度是一个非常重要的概念。我们一直在使用归纳推理，比如，在试图解决像汽车为何抛锚，一个人为何生病，或者谁犯了罪这样的问题的时候。小说里杜撰的逻辑学家夏洛克·福尔摩斯就是一位归纳推理的大师。尽管如此，历史上的人们却把更多的努力放在了理解演绎效度上——也许是因为逻辑学家往往都成了哲学家或数学家（在他们的研究中，演绎效度的推理至关重要），而不是医生或侦探。我们将在本书的后面再谈归纳这个概念。现在，让我们更多地思考一下演绎效度。（由于有效推理更为刻板，所以很自然会认为演绎效度是更为简单的概念。因此，试图先理解这个概念是个不错的主意。我们将会看到，这也是一个难以理解的概念。）除非特别说明，“效度”就是指“演绎效度”。

那么，什么是有效推理呢？我们在前面也看到了，它是若没有结论的同时正确，前提就不能算是正确的推理。但是这是什么意思呢？尤其是**不能**指的又是什么呢？总的来说，“不能”有许多意思。比如，思考一下下面这个句子：“玛丽能弹钢琴，但约翰不能”；这里谈论的是人的能力。请比较下面这句：“你不能进入这里：你需要许可”；这里谈论的是某种规则允许的事情。

这样来理解与本例有关的“不能”是很自然的：若没有结论的同时正确，前提就不能算是正确，就等于在所有情形下，所有前提都是正确的，结论也是正确的。到现在为止，一直都没有问题。但是情形确切是指什么呢？哪些事物组成了一个情形，这些事物间的相互关系又如何呢？什么叫作**正确**？Tweedledee也许会说，现在有个哲学问题要你回答。

马上我们就会遇到这些问题；但现在我们先把它们放在一

边，再解决一个问题。大家不应轻易接受这样的观点：我刚才所给出的对演绎效度的解释本身是没有问题的。(从哲学上讲，所有令人感兴趣的断言都是存在争议的。)这里存在一个问题。假定这个解释是正确的，那么要知道一个推理是有效的演绎就要知道不存在前提正确、结论却不正确的情形。考虑对于情形的任何一种合理的理解时，就会冒出来很多很多的情形：关于遥远恒星的行星上的事物的各种情形，关于在宇宙存在任何生命之前的各种情形，小说著作里描写的各种情形，空想家所幻想的各种情形。人们如何知道什么样的推理能在**所有**情形下都被证明是正确的呢？更为糟糕的是，似乎存在无数种情形(今后一年的情形、今后两年的情形、今后三年的情形……)。因此，即使从原则上讲也不可能调查所有的情形。因此，如果这样解释效度是正确的，并且假定我们能确定推理是否有效(至少在许多情况下是可以的)，我们必须从某种特殊的渠道对此有所了解。是什么样的渠道呢？

我们需要求助于某种神秘的本能吗？不一定。思考一下一个类似的问题。我们都能毫无问题地区分母语中一串词语是否符合语法。比如说，任何母语为英语的人都知道This is a chair是个合乎语法的句子，但A chair is is a却不是。不过，合乎语法和不合乎语法的句子都有无限多。(比如说，“一是个数字”，“二是个数字”，“三是个数字”等等，都是合乎语法的句子。我们也很容易随意地造出许多单词杂乱堆在一起的句子)。那么，我们是如何做到这一点的呢？也许就像最有影响力的现代语言学家诺姆·乔姆斯基建议的那样：我们能够做到这一点是因为这些数目无限的句子都是由数目有限的规则生成的，这些规则植入了我们体内；生物进化使得我们具有天生的语法知识。逻辑学也是一样吗？逻辑的规则也是植入我们体内的吗？

本章要点

- 一个有效推理是结论由前提推导而来的推理。
- 一个具有演绎效度的推理是这样的一种推理：推理过程中不存在所有前提都正确但结论却错误的情形。

第二章

真值函数及其他

不管效度的规则是否植入了我们体内，我们对于效度或各种推理都有很强的直觉。比如，以下推理是有效的是没有多少争议的："她是个女人且是个银行家，因此她是个银行家。"以下推理是无效的也是没有多少争议的："他是个木匠，因此他是个木匠且打棒球。"

不过，有时直觉会给我们带来麻烦。你觉得下面这个推理怎样？直线以上是两个前提，线下为结论。

女王很富有。　　女王不富有。

猪会飞。

很显然，这个推理是无效的。女王的财富——不管多少——似乎与猪的飞行能力毫无关系。

但是，你再看看下面这两个推理，它们又如何呢？

女王很富有。

要么女王很富有，要么猪会飞。

要么女王很富有，要么猪会飞。　　女王不富有。

猪会飞。

这两个推理中，第一个推理似乎有效。我们来看一下它的结论吧。逻辑学家把这样的句子称为析取命题，并把含“要么”的两个分句称为析取项。那么，一个析取命题怎么样才能算是正确的呢？只要一个或另一个析取项正确即可。因此，只要前提正确，结论就正确。第二个推理似乎也是有效的。如果两个断言中只有一个正确且其中有一个已经是错误的，那么剩下那个必然正确。

现在的问题是，我们把这两个表面看来是有效的推理放在一起，可得到如下显然无效的推理：

女王很富有。

要么女王很富有，要么猪会飞。　　女王不富有。

猪会飞。

这样的推理不可能是正确的。以这种方式把有效推理堆在一起是不能得到一个有效推理的。如果所有的前提在所有情况下都是正确的，那么它们的结论就是正确的，根据**这些结论**推导出的其他结论就是正确的，直到我们得到最终的结论。那么，这里的问题出在哪儿呢？

为了给这个问题一个正确的答案，就让我们来仔细探讨一下。首先，我们把句子“猪会飞”写作p，把“女王很富有”写作q。这样就简化了一些，但还有其他好处：如果你仔细思考一下，便能看出，上述例子中所使用的两个特殊句子与事物没有多大关系，我本可以使用任何两个句子来阐述，因此，我们可以忽略它们的内容。这就是我们把这些句子写成单个字母的原因。

"要么女王很富有，要么猪会飞"这一句便变成"要么q要么p"，逻辑学家常常将其写成$q \vee p$。那么，"女王不富有"这一句该如何改写呢？我们可以改写成"并非女王很富有"，把否定词置于分句之前。因此，这一句就可以写成"并非q"。逻辑学家常把它写成逻辑表达式$\neg q$，并称之为q的**否定**。那么"女王很富有，且猪会飞"——即"q与p"这一句呢？逻辑学家常把它写作$q \& p$，并称之为q与p的**合取**，q和p为**合取项**。在掌握了这一方法之后，我们可把上述系列推理用逻辑式表达如下：

$$\cfrac{\cfrac{q}{q \vee p} \quad \neg q}{p}$$

我们对此推理还有什么要说的吗？

句子可以是正确的（真），也可以是错误的（假）。我们用T来表示真，用F来表示假。自现代逻辑学奠基者之一，德国哲学家和数学家戈特洛布·弗雷格之后，这些值被称为真值。若已知一个句子a，a句的真值与它的否定式$\neg a$的真值之间有何关系呢？一个简单自然的答案是：如果一个句子为真，则另一个为假；反之亦然。因此，如果"女王很富有"为真，则"女王不富有"为假，反之亦然。我们可将此关系标明如下：

只要a的真值为F，$\neg a$的真值就为T。

只要a的真值为T，$\neg a$的真值就为F。

逻辑学家称其为否定的**真值条件**。如果我们假设每个句子要么是真的要么是假的，但绝不是两者兼而有之，我们便能用以下表格来描述真值条件（逻辑学家称其为真值表）：

a	¬a
T	F
F	T

如果句子a具有它那一列下的真值，那么¬a便具有右边一列下相对应的真值。

析取命题（V）的真值情况又是怎样的呢？我已提到，一个简单自然的假设是：如果一个析取命题（a V b）中的一个命题a或另一个命题b（或者两个命题）为真，则该析取命题就为真；反之，则为假。我们可将析取命题的真值条件标明如下：

只要a与b中至少一个的真值为T，a V b的真值就为T。

只有a与b的真值均为F，a V b的真值才为F。

这些条件可用以下真值表表示：

a	b	a V b
T	T	T
T	F	T
F	T	T
F	F	F

表中的每一行——除了第一行的表头——标明了a（第一列）与b（第二列）真值的可能组合。共有四种可能的组合，因此共有四行。对于每一种组合，右边都给出了a V b相应的真值（第三列）。

图2　戈特洛布·弗雷格(1848—1925),现代逻辑学的奠基者之一

同样，a与b的真值与a & b的真值之间的关系又是怎样的呢？一个简单自然的假设是：如果a与b都为真，那么a & b为真。因此，我们可举例如下：只有当“约翰35岁了”和“约翰的头发是棕色的”都正确，合取命题“约翰35岁了，且有棕色的头发”才是正确的。我们可用合取命题的真值条件将其标明如下：

只有a与b的真值均为T，a & b的真值才为T。

只要a与b中至少一个的真值为F，a & b的真值就为F。

这些条件可用以下真值表表示：

a	b	a & b
T	T	T
T	F	F
F	T	F
F	F	F

那么，这与我们一开始所提出的问题有什么关系呢？我们重新来看一下第一章结尾处所提出的问题：何为情形？一个简单自然的观点认为：不管什么情形都决定了每个句子的真值。举例来说，在某个特定情形下，女王很富有是正确的，猪会飞是错误的。而在另外一种情形下，女王很富有是错误的，猪会飞是正确的。（注意：这些情形都纯粹是假设的！）换言之，一个情形决定了每个相关命题的真值是T还是F。这里所说的相关命题不包括“与”、“要么”或“非”在内。假设某个情形的基本信息已知，我们便可利用真值表得到含有这些词的句子的真值。

比如，假设有以下情形：

p: T
q: F
r: T

（r可能是“大黄有营养”这样的句子，而“p: T”表示p被赋予真值T，等等。）那么，逻辑式p &（¬r V q）的真值又是怎样的呢？我们获得这一真值的方法与我们计算3×（−6+2）时使用乘法表和加法表一样。r的真值为T，因此根据否定真值表可知，¬r的真值为F。但是，由于q的真值为F，由否定真值表可知，¬r V q的真值为F。由于p的真值为T，由合取真值表可知，p &（¬r V q）的真值为F。采用这样的方式，我们能获得任何包含有&、V和¬的逻辑式的真值。

现在请回想一下，我们在前一章里曾论述道：如果没有情形可表明所有前提为真而结论不真（假），那么这个推理就是有效的。也就是说，如果无法赋予相关句子以T值和F值（这样会导致所有前提为T而结论为F），那么这个推理就是有效的。比如，来看一下我们前面提到过的推理：q/q V p。（我把这个逻辑式写在一行上是为了让牛津大学出版社省点钱。）相关句子为q和p。共有四种真值组合，我们可计算出每一种组合的前提和结论所具有的真值。我们可将结果表示如下：

q	p	q	q V p
T	T	T	T
T	F	T	T
F	T	F	T
F	F	F	F

前两列展示了q和p真值的可能组合。后两列则相应地给出了前提和结论的真值。第三列与第一列相同。这是本例的一个巧合，在这个特定的例子中，前提恰好是其中的一个相关句。第四列内的真值可以根据析取真值表获得。有了以上信息，我们可以看出，这个推理是有效的。因为没有一行是前提q为真，而结论q ∨ p不为真的。

推理q ∨ p，¬q/p的情况又怎样呢？我们可按照相同的方式得到下表：

q	p	q ∨ p	¬q	p
T	T	T	F	T
T	F	T	F	F
F	T	T	T	T
F	F	F	T	F

这次共有五列，因为共有两个前提。前提和结论的真值可以根据析取和否定真值表获得。而且，也没有哪一行表明两个前提都为真而结论却不为真。因此，这个推理是有效的。

那么我们一开始使用的那个推理q，¬q/p呢？采用前面的方法我们可以得到下表：

q	p	q	¬q	p
T	T	T	F	T
T	F	T	F	F
F	T	F	T	T
F	F	F	T	F

这个推理也是有效的，我们下面就来看一看原因。没有哪一行表明，两个前提都为真而结论却为假。实际上，也没有一行能表明两个前提都为真。结论实在是无关紧要！有时，逻辑学家在描述这样的情形时说，像这样的推理，其效度是**没有意义**的，因为两个前提永远无法同时为真。

这就是解决我们一开始所说的问题的方案。根据此方案，我们一开始的直觉推理是错误的。别忘了，直觉经常误导人。大家看来，地球明显是一动不动的——直到学习了物理，才发现地球实际上在飞速地穿越太空。我们甚至能够很好地解释逻辑直觉为何会出现差错。我们在实践中所遇到的推理，大多数都不是没有意义的推理。我们的直觉在这样的环境下形成，并不适用于普遍情况——就像学走路时所养成的习惯（比如，不向一边倾斜）在其他环境下就不管用（比如，当你在学骑自行车时）。

在下一章里我们还会讨论这个问题。但现在，我们可以通过简要回顾一下我们所用方法的充分性来结束本章。这里所说的并不那么直截。综上所述，否定命题句¬a的真值完全是由命题句a的真值决定的。同样，析取命题句a ∨ b和合取命题句a & b的真值完全是由命题句a与b的真值决定的。逻辑学家把这样的运算称为**真值函数**。但是，有很多理由表明，“要么”和“与”不是真值函数——至少不一定是真值函数。

比如，根据合取命题真值表，“a与b”和“b与a”具有相同的真值，即a与b都为真的话，它们也都为真，否则就都为假。但我们来看一下下面两句：

1. 约翰撞了头，摔倒了。

2. 约翰摔倒了，撞了头。

第一句说的是，约翰撞了头，**于是**摔倒了。第二句说的是，约翰摔倒了，**于是**撞了头。很明显，即使第二句为假，第一句也可能为真；反之亦然。因此，重要的不是合取项的真值，而是哪一个合取项为另一个合取项的起因。

连接词“要么”也存在类似的问题。根据我们前面所说的方法，如果命题句a与命题句b中的一个正确，则析取命题“a‘要么’b”就是正确的。但是，如果一个朋友这样对你说：

要么你现在来，要么我们会迟到；

于是你来了。根据析取真值表，这个析取命题为真。但是，假如你发现朋友一直在跟你开玩笑：你本可以半小时后出发，而且仍然会准时到达。在这样的情形下，你肯定会说你朋友说谎了：他说的都是假话。因此，我们再次发现，重要的不仅仅是析取项的真值，而且是它们之间所存在的某种关系。

请读者再思考一下这些问题吧。我们所讨论的材料至少初步地描述了某个特定逻辑方法的运用；我们在后面的章节里还会引用这些方法，除非有些章节所讨论的观点明显不需要这里所谈的方法——有时会出现这种情况。

目前所讨论的方法只涉及某些推理，还有其他许多种类的推理。我们只不过刚开了个头而已。

本章要点

- 在一种情形下，每个相关句都被赋予了一个特定的真值（T或者F）。
- 只要a的真值为F，¬a的真值就为T。
- 只要a与b中至少一个的真值为T，a ∨ b的真值就为T。
- 只有a与b的真值均为T，a & b的真值才为T。

第三章

名称与量词：无名小卒是大人物吗？

我们在前一章里所讨论的推理涉及or（要么）和it is not the case that（并非）这样的短语，它们添加到完整句之中形成其他的完整句。不过，还有许多推理似乎按照完全不同的方式展开。比如，我们来看一下下面这个推理：

马卡斯给了我一本书。

有人给了我一本书。

前提和结论都没有一个部分可单独成为一个完整句。如果这个推理有效，那是因为在这两个完整句**中**有名堂。

传统语法认为，最简单的完整句由一个**主语**和一个**谓语**构成。例如，以下几个例句均是简单句：

1. 马卡斯看见了那头象。
2. 阿尼卡睡着了。
3. 有人打了我。
4. 没人来参加我的派对。

在每一句中，第一个词为句子的主语：它说明该句是关于什么的。其余部分为谓语：它告诉我们关于主语的事情。那么，这样的句子在什么条件下为真呢？我们就拿第二句来作个说明吧。该句为真的条件是，主语“阿尼卡”所指的对象要具有谓语所表述的特性，即睡着了。

一切都没有问题。但是，第三句的主语指的是什么呢？打我的人？但是也许没有人打我。没人说这句是真的。第四句的情况更糟糕。“没人”指的是谁呢？在《镜中世界》中，爱丽丝在遇见“狮子”和“独角兽”之前，碰见了正在等待信使的白方国王。（不知何故，当信使出现时，它就像兔子一样惊惶不安。）国王在遇到爱丽丝时说道：

> “朝路上看看，请告诉我你是否看见了……［信使］。”
>
> “我看路上没人啊。”爱丽丝回答道。
>
> “我真希望我也有双这样的眼睛，”国王不耐烦地说道，“能看见‘没人’！还在那么远的距离！哎呀，这个距离是**我**在日光下能看清楚真人的距离！”

卡罗尔开了个逻辑玩笑，他经常这样开玩笑。当爱丽丝说她看到没人时，她不是说她能看见一个人——不管是真是假。“没人”并不指人——或任何其他事物。

像nobody（没人）、someone（有人）、everyone（每人）这样的词被现代逻辑学家称作**量词**，它们有别于“马卡斯”和“阿尼卡”这样的名称。我们前面的讨论表明，即使量词和名称都可作为句子的主语，它们也必然以不同的方式在起作用。那么，量词是如

图3　没人

何起作用的呢?

以下是一个现代的标准答案。这涉及一个有很多对象的情形。在本例中,相关对象均是人。我们就此情形所进行的推理中,所有名称指的都是这一集合中的一个对象。如果我们用m来代替马卡斯,m指的就是这其中的一个对象。如果我们用H来代替is happy(很高兴),那么mH这一句在这一情形下为真的条件是:m所指的对象具有H所表述的特性。(有悖常情的是,逻辑学家通常颠倒了顺序,把该句写成Hm,而不是mH。这只是一个习惯问题。)

下面,我们来看看这样一句话:"某人很高兴。"(Someone is happy.)该句为真的条件是:在对象集合中有**某个**对象或另外一个对象是高兴的——在集合中有某个对象,我们称之为x,x很高兴。我们把"某对象x具有这样的特征……"写作∃x。这样,我们便可把本句写成:∃x x很高兴;前文中我们把"很高兴"写作H,所以本句也可写成:∃x xH。逻辑学家把∃x称为**特称量词**。

"每人都很高兴"该如何表示呢?它为真的条件是:在相关集合中**每个**对象都很高兴。换言之,集合中的每个对象x,x很高兴。如果我们把"每个对象x,x具有这样的特征……"写成∀x,那么此句便可写成∀x xH。逻辑学家通常把∀x称为**全称量词**。

现在,不难猜出我们如何理解"没人很高兴"了。该句的意思是,在相关集合中没有对象x,x很高兴。我们本可以使用一个特殊符号来表示"没有对象x,x具有这样的特征……"但逻辑学家实际上并不需要创造这么一个符号。原因如下:说"没人很高兴”就等于说“并非有人很高兴”。因此，我们可以把此句写成$\neg\exists x\ xH$。

对量词的分析表明，名称和量词起作用的方式大不相同。特别是，“马卡斯很高兴”与“某人很高兴”用逻辑符号写起来就截然不同，分别写成mH和$\exists x\ xH$；这个事实足以说明这一点。而且，它还向我们表明，表面简单的语法形式可能会产生误导。并非所有的语法主语都是等值的。巧合的是，这一解释说明了为何我们在本章开头所讨论的推理是有效的。我们以G代表“给我那本书”。那么这个推理式可表达如下：

$$\frac{mG}{\exists x\ xG}$$

很明显，如果在某个情形下，由名称m所指代的对象给了我那本书，那么我们可以推知，相关集合中的某个对象给了我那本书。与此不同的是，白方国王由爱丽丝看见没人的事实推理出她看见了某人（即“没人”）。如果我们把“被爱丽丝看见”用A来代替，那么国王的推理便可表示如下：

$$\frac{\neg\exists x\ xA}{\exists x\ xA}$$

这个推理很显然是无效的。如果在被爱丽丝看见的相关域中没有对象，那么在被爱丽丝看见的相关域中有对象，明显就**不是**真的。

您也许会认为这是大惊小怪，毫无意义的——实际上，只不过是把那么好的一个笑话搞得索然无味罢了。但是，从本质上说，这要严肃得多。因为，量词在数学和逻辑学的许多重要论证中起着关键作用。这里举个哲学方面的例子。一个自然的假设是，没有什么事会毫无理由地发生：人们不会毫无理由地生病，汽车没有故障就不会抛锚。于是，每件事情都有一个原因。但是，每件事情的原因又会是什么呢？很显然，不是某个实体，如某一个人，也不是宇宙大爆炸之类的。这样的事情本身也有原因。因此，它必然是形而上的。很明显，上帝就是那个候选者。

这是一种证明上帝存在的论证，常被称为**宇宙哲学论**。人们也许会以各种方式反对这一论证。但就其本质而言，这里有一个很大的逻辑谬误。“每件事情都有一个原因”这一句是存在歧义的。它可以表示，每一件发生的事情都有这样或那样的原因——也就是说：对于每个x，都有一个y；且x是由y引起的。它还可以表示，存在着某个事物，它是所有事情的原因——存在一个y，y具有这样的特性：对于每个x，x都是由y引起的。假如我们把相关对象域看成因与果，并把“x是由y引起的”表述为xCy，那么我们可以把这两种意思用逻辑符号分别表示如下：

1. $\forall x\ \exists y\ xCy$
2. $\exists y\ \forall x\ xCy$

现在可以看出，这两个意思在逻辑上是不等值的。第一个可由第二个推导而来：如果存在一个事物，它是**每件事情**的原因，那么毫无疑问，每件发生的事情都有这样或那样的原因。但是，如果说每件事情都有**这样或那样的原因**，并不能推导出存在一个是所有事情原因的事物。（请比较：每个人都有一个母亲；由这一句无法推导出，存在着某个人，她是所有人的母亲。）

这种宇宙哲学论正是利用了这种歧义。在谈论疾病和汽车时所确定的是1；但是，紧接着就问那个因是什么，并假设那是早已确定的2。而且，这种偷梁换柱是隐蔽的，因为在英语中，“每件事情都有一个原因”可用来表达1或者2。请注意，如果把量词换成名称就不会有歧义了。“宇宙远处的辐射是由宇宙大爆炸引起的”就一点歧义也没有。不能区分名称和量词可能是人们无法看到歧义所在的深层原因吧。

因此，正确理解量词是很重要的——不仅对逻辑学很重要。像“某物”、“空”等这样的词并不代表客观对象，却是以一种完全不同的方式在起作用。或者说，它们至少能起作用：事情没有那么简单。我们再来仔细思考一下宇宙问题吧。我们可以说宇宙向过去无限延伸，也可以说宇宙是在某个特定时间形成的。在第一种情况下，宇宙没有起点，但一直存在着；在第二种情况下，宇宙的形成始于某个特定的时间。实际上，在不同时期，物理学对这个问题的真实性有着不同的解释。不过，不要担心这一点；我们仅考虑第二种可能。在这种情况下，宇宙凭空形成——或者说它不是由物质实体形成的；不管怎样，宇宙是所有物质实体的总和。我们现在来考虑一下这句话：“宇宙凭空形成。”我们用c

来代替宇宙（cosmos），用逻辑符号xEy来表示“x由y形成”。那么根据我们对量词的理解，这一句的意思应该为$\neg\exists x\ cEx$。但它并不是这个意思，因为第一种情况也正确。在这种情况下，宇宙在过去时间上是无限的，所以宇宙在过去还没有形成。尤其特殊的是，宇宙并非**由**某物形成。当我们根据第二种宇宙论，说宇宙是凭空形成时；我们指的是，宇宙是由“空”形成的。因此，“空”也**可能**是一种事物。毕竟，白方国王也没有这么傻。

本章要点

- 句子nP在一种情形下为真的条件是：由n所指称的对象在该情形下具有P所表述的特性。
- $\exists x\ xP$在一种情形下为真的条件是：只要在该情形下有个对象x，x具有xP特性。
- $\forall x\ xP$在一种情形下为真的条件是：只要在该情形下的每个对象x，x都具有xP特性。

第四章

摹状词和存在：希腊人崇拜宙斯吗？

当我们讨论主语和谓语时，有一种可做句子主语的短语我们还没有论及。逻辑学家通常称之为**限定摹状词**或有时简称之为**摹状词**——尽管他们警告说，这是个术语。这样的短语被称作摹状词："第一个登上月球的人"和"唯一可以从太空看见的地球上的人造物"。总的来说，摹状词具有以下形式：**某物满足如此这般的条件**。根据现代逻辑学的开创人之一，英国哲学家和数学家伯特兰·罗素的方法，我们可将上述短语重写如下：将"第一个登上月球的人"写成"某对象x，x满足这样的条件：x是一个人，且x第一个登上月球"。下面，我们用ιx表示"某物x，x具有以下特征"，于是上述短语便可表示成"ιx（x是一个人，且x第一个登上月球）"。如果我们用M表示"是一个人"并用F表示"第一个登上月球"，那么便可得到：ιx（xM & xF）。总的来说，一个摹状词就是一个$ιxc_x$，其中c_x就是x发生的某种条件。（这就是下标x要提醒你的。）

摹状词是主语，它们能与谓语一起构成完整句。因此，如果我们用U表示"出生于美国"，那么句子"第一个登上月球的那个人出生于美国"便可表示为：ιx（xM & xF）U。让我们把ιx（xM

& xF）简写为μ。（我用一个希腊字母来提醒你这实际上是一个摹状词。）那么，这句话便可表示为μU。同样，“第一个登上月球的人是一个人，且他第一个登上月球”这句话可表示为μM & μF。

根据前一章中所谈的区分，摹状词是名称，不是量词。也就是说，它们指代事物——如果巧的话，我们后面还会谈到这一点。因此，“第一个登上月球的人出生于美国”，即μU为真的条件是，只要短语μ所指的某个特定的人具有U所表示的特征即可。

但是摹状词是一种特殊的名称。和**专有名称**（如“阿尼卡”与“大爆炸”）不同，它们携带着所指事物的信息。我们举个例子来说，“第一个登上月球的人”携带这样的信息：其所指对象“是一个人”且“第一个登上月球”。这也许显得过于陈旧乏味、显而易见，但事情可没有表面那样简单。由于摹状词携带着这样的信息，它们对重要的数学和哲学论证至关重要。认识这种复杂性的一个方法就是来看一看下面这个论证。这是另一种证明上帝存在的论证，常被称作**本体论**。这一论证有许多版本，这里是一个简单的版本：

> 上帝是具有所有尽善尽美特征的事物。
>
> 可存在也是一种尽善尽美。
>
> 因此上帝具有存在性。

也就是说，上帝是存在的。如果你以前没有接触过这个论证，它会显得相当费解。首先，什么是尽善尽美？宽泛地说，尽善尽美

图4　伯特兰·罗素(1872—1970),现代逻辑学的另一奠基者

就像全知（知道一切可知之事）、全能（能做一切可做之事）和道德完美（以尽可能最好的方式行事）一样。总之，尽善尽美是一个美好事物所具有的所有特征。第二个前提说存在是一种尽善尽美，那么究竟为何这样说呢？其中的原因是很复杂的，要追溯到古希腊两大哲学家之一柏拉图的哲学思想。幸运的是，我们可以迂回地探讨这个问题。我们可以罗列全知、全能这样的特性，清单上要包括“存在”，并假定“尽善尽美”表示清单上的任何一种特性。而且，我们可把“上帝”等同于某种摹状词，即“具有所有尽善尽美特征（清单上的那些特征）的事物”。在本体论中，根据定义这两个前提都为真，因而可以不作讨论。这个论证便可缩减为一行：

全知、全能、道德完美……且存在着的事物是存在的。

我们也许可以添加全知、全能、道德完美等摹状词。看起来这肯定为真。为了更清楚地阐明这一点，我们可以假定上帝的一系列特质：P_1，P_2……P_n。因此，最后一个特质P_n是存在的。“上帝”的定义可表达为：ιx（xP_1 &……& xP_n）。我们用γ来表示这个表达式，上面那句话便可表述为：γP_1 &…& γP_n（γP_n是由这个表达式推出的）。

这是更大范畴中的一个特例：**满足某条件的某物满足该条件**。这常被称作**特性原则**（一个事物具有区别于他物的特性）。我们可把这一原则缩写为CP。前面已提到过一个CP的例子，即

“第一个登上月球的人是一个人，且他第一个登上月球”，μM & μF。简言之，如果我们有某个摹状词$\iota x c_x$并用它来代替在c_x条件下发生的每一种情况x，我们便可获得一个CP的例子。

在所有人看来，根据定义CP为真。事物当然会有区别于他物的特征。不幸的是，它一般为假，因为由此推出的许多事情都确实不为真。

首先，我们可用这个原则来推出各种各样实际上并不存在的事物的存在性。请看下面的（非负数）整数：0，1，2，3……其中不存在最大整数。但是，使用CP进行推导，我们便可证明存在最大整数。我们用c_x表示“x是最大整数，且x存在”，用δ表示$\iota x c_x$。那么，根据CP，我们便可推导出“δ是最大整数，且δ存在”。这种荒谬性还不止于此。我们再来看一看某个没有结婚的人，比如说罗马教皇吧。我们能证明他是结了婚的。假设c_x表示“x嫁给了罗马教皇”，用δ表示摹状词$\iota x c_x$。由CP可推导出“δ与罗马教皇结了婚”。因此，某人嫁给了罗马教皇，也就是说，罗马教皇是结了婚的。

关于这一点还有什么要说的呢？下面是当代一个相当标准的答案。我们来看摹状词$\iota x c_x$。如果在某个情形下存在某个事物满足条件c_x，那么这个摹状词就指代该事物。否则，它就什么也指代不了，只是一个“空名称”。例如，存在特殊的x，x具有这样的特征：x是一个人，且x第一个登上月球，他便是阿姆斯特朗。因此，“x是一个人，且x第一个登上月球中的x”指的就是阿姆斯特朗。同样，存在一个最小整数，即0；因此，“是最小整数的事物”的摹状词指的就是0。但是，由于没有最大整数，所以“是最大整数的事物”的摹状词就不指代任何事物。与此类似，“那个人口超过一百万的澳大利亚城市”也不指代任何事物，不是因为不存在这样的城市，而是因为（澳大利亚）有好几个这样的城市。

这与CP又有什么关系呢？可以这么讲，如果在某个情形下存在一个满足c_x的特定事物，那么摹状词ιxc_x便可指代它。因此，在c_x下CP要为真的条件是：摹状词ιxc_x是满足该条件的事物之一——实际上是唯一满足该条件的事物。尤其是，最小整数（实际上）就是最小整数，澳大利亚联邦的首都实际上就是澳大利亚联邦的首都，等等。因此，可以说CP的一些例子是成立的。

但是，如果没有满足c_x条件的特定事物，那又会怎样呢？如果n是一个名称，P是一个谓语，那么句子nP为真的条件是：存在一个n所指的事物，且它具有P所表达的特征。因此，如果n不指代任何事物，那么nP必然为假。所以，如果不存在具有特征P的特定事物（比如，如果P表达的是“有翅膀的马”），那么（ιx xP）P就为假。不难料想，在这些条件下，CP不能成立。

那么，这对本体论又有什么影响呢？还记得前面提到过CP的例子：存在γP_1 &……& γP_n，其中γ为摹状词ιx（xP_1 &……& xP_n）。要么存在某个满足xP_1 &……& xP_n的事物，要么就不存在。如果存在，它必然是唯一的。（不可能存在两个全能的事物：如果我是全能的，我就能阻止你，因此你就不能成为全能的。）这样的话，γ就指代这个事物，那么γP_1 &……& γP_n就为真。如果不存在满足xP_1 &……& xP_n的事物，那么γ就不指代任何事物；于是合取命题γP_1 &……& γP_n的每一个合取项就为假；因此整个合取命题也为假。换言之，在本体论中所使用的CP例子只有在存在上帝的情况下才为真，但是如果上帝不存在的话，它就为假。因此，如果一个人要为上帝的存在辩护，就不能仅仅借助于这个CP的例子来证明：那只不过是**假设**自己想要验证的东西。哲学家认为这样的论证**回避了问题的实质**；也就是说，把所要讨论的问题想当然地认为是正确的。贸然肯定所讨论的问题是不行的。

关于本体论就说这么多。我们在结束这一章时要看到，如我所解释的，有关摹状词的阐释本身就在某些方面存在问题。根据这样的阐释，如果δP是一个句子，其中δ又是一个不指代任何事物的摹状词，那么该句就为假。但这也并非总是正确的。比如，以下这些似乎总为真：古希腊诸神中最强大的被称作"宙斯"，他住在奥林匹斯山，为希腊人所崇拜，等等。然而，实际上并无古希腊诸神。他们实际上并不存在。如果这是正确的，那么摹状词"古希腊诸神中最强大的"不指代任何事物。但是，在这样的情况下，还是存在主语并不指代任何事物的正确的主/谓句，比如"古希腊诸神中最强大的为希腊人所崇拜"。不无偏见地说，不存在的事物毕竟在某些条件下也可能为真。

本章要点

- $\iota x c_x P$在某个情形下为真的条件是：只要在那个情形下存在一个满足条件c_x的唯一的事物a，且aP。

第五章

自我指代：这章内容是关于什么的？

当人们思考寻常的情形时，事情常常显得很简单，但这样的简单是靠不住的。当人们思考较为不同寻常的情形时，这种简单便不见了。指代也是如此。我们在前一章里已看到，一旦人们考虑到一些名称也许什么也指代不了，事情就不像人们原来想象的那样简单了。当我们考虑另一种不寻常的情形——自我指代时，就会出现更复杂的状况。

一个名称很有可能指代包含它本身的事物。比如，我们来仔细琢磨一下下面这个句子："这个句子包含了五个单词"。"这个句子"作为该句主语的名称，指代整个句子，该名称是该句的一部分。类似的情况也会发生在一组规章的条文中，其中包含这样的句子："这些规章可经哲学系多数人的决定予以修改"；或者由一个思考"如果我思考这个想法，那么我就必然有意识的人修改"。

这些都是相对没有问题的自我指代。还有些情况就不同了。比如，如果有人说了下面这句话：

我现在所说的这句话是假的。

我们用λ代表这句话。λ为真还是为假呢？如果它为真，那么该句所说的内容就正确，因此λ就应为假。但是，如果它为假，那么，由于这就是该句确切表达的内容，它就应为真。在其中任何一种情况下，λ总是显得既真又假。这句话就像麦比乌斯带——一种拓扑构形，由于扭曲，带子的内侧成了外侧，外侧成了内侧：真为假，假为真。

或者，有人说了下面这句话：

我现在所说的这句话是真的。

这句为真还是为假呢？如果该句内容正确，它便为真，因为这就是该句所说的内容。如果该句内容不正确，它便为假，因为它说它是正确的。因此，假设该句为真和假设该句为假似乎是一致的。似乎也没有其他可以解决其真值问题的论据了。并非是它具有我们所不知道或者无法知道的某种真值。相反，似乎没有什么可以确定它是真还是假。它似乎既不为真也不为假。

这些悖论是很古老的。第一个悖论似乎是由古希腊哲学家欧布里德首先发现的，常被称作**骗子悖论**。近代还有许多同类的悖论，其中一些在数学推理的中心环节起着至关重要的作用。下面再举一个例子加以说明。一个集合就是一组对象的集合体。比如，人们可说所有人的集合、所有数字的集合，以及所有抽象概念的集合。集合本身可成为其他集合的成员。比如，屋子里所有的人是一个集合，而它又是所有集合体集合中的一员。一些集合

图5　一条麦比乌斯带。带子的内侧成了外侧，外侧成了内侧。真为假，假为真

甚至是它们自身的成员：在本页所提到的所有对象的集合是本页所提到的一个对象（我已经提到过它了），因此，该集合是其本身的一个成员；所有集合体的集合是一个集合，也是其本身的一个成员。一些集合很显然不是自身的成员：如所有人的集合不是一个人，所以它不是所有人的集合的一个成员。

下面来看一看所有那些不是自身成员的集合的总集合，我们称之为R。R是自身的一个成员吗？如果它是自身集合的一个成员，那么它就成了那些非自身成员中的一员，因此它不是其自身的一个成员。反过来说，如果它不是自身集合的一个成员，那么它便成为那些非自身成员集合中的一个，因此它**是**自身集合中的一员。R似乎既是自身集合中的一员，又不是自身集合中的一员。

这个悖论是由伯特兰·罗素发现的（我们在前一章中已提到此人），因此这个悖论也称**罗素悖论**。就像骗子悖论一样，该悖论也有个同类。所有自身成员集合的总集合又是怎样的呢？它是自身集合的一个成员吗？如果它是自身集合中的一员，那么它便是；如果它不是自身集合中的一员，那么它便不是。似乎也没有什么可以确定这句话是真还是假。

上述例证的作用在于挑战了我们在第二章所做的假设：每个句子要么为真要么为假，但不可既为真又为假。“这句话是假的”和“R不是自身集合中的一员”似乎既可为真又可为假，而它们的同类句似乎既不为真也不为假。

如何调整这一观点呢？只要把这些其他可能性考虑进去就

可以了。假设在任何条件下，每个句子都为真而不为假，或者都为假而不为真，或者既为真也为假，或者既不为真也不为假。我们在第二章提到，否定、合取和析取命题的真值条件如下。在任何情形下：

只要a的真值为F，¬a的真值就为T。

只要a的真值为T，¬a的真值就为F。

只有a与b的真值均为T，a&b的真值才为T。

只要a与b中至少一个的真值为F，a & b的真值就为F。

只要a与b中至少一个的真值为T，a ∨ b的真值就为T。

只有a与b的真值均为F，a ∨ b的真值才为F。

利用上述信息，我们不难获得新体系下句子的真值。比如：

- 假设命题a的真值为F但不可为T。那么，由于a的真值为F，其否定式¬a的真值为T（根据否定命题第一条规则可推知）。同时，由于a的真值不为T，其否定式¬a的真值不为F（根据否定命题第二条规则可推知）。因此，¬a的真值为T而不为F。
- 假设命题a的真值既可为T也可为F，命题b的真值为T。那么，命题a与b的真值都为T，因此合取命题a & b的真值就应为T（根据合取命题第一条规则可推知）。但是，由于命题a也可为F，命题a与b中至少有一个命题的真值为F，因此，合取命题a & b的真值就应为F（根据合取命题第二条规则可推知）。因此，合取命题a & b的真值既为T也为F。

- 假设命题a的真值只能为T，命题b的真值既不为T也不为F。那么，由于命题a的真值为T，命题a与b中至少有一个命题的真值为T，因此，析取命题a V b的真值为T（根据析取命题第一条规则可推知）。但是由于命题a的真值不为F，所以命题a与b的真值不可能都为F。因此，析取命题a V b的真值不为F（根据析取命题第二条规则可推知）。因此，析取命题a V b的真值只能为T。

这与效度又有什么关系呢？一个有效的论证仍然是一个不会出现以下情形的论证：前提为真，而结论却不为真。情形仍然能赋予每个相关句一个真值。只有眼下，情形也许会赋予一个句子一个真值、两个真值或者什么也没有。因此，请来看一看这样的推理：q/qVp。在q为T的情形下，析取条件表明，析取命题qVp也为T。（它也许还为F，但这没有什么关系。）因此，如果前提为T，那么结论也为T。这样的推理是有效的。

在这一点上，我们有必要回到第二章开始讨论的推理问题上：q，¬q/p。如我们在第二章中所看到的，就该章所假设的条件而言，这个推理是有效的。但是，在新的假设条件下，情况就不同了。为了一探究竟，我们只要假设这样一个情形：命题q既为T也为F，但命题p只为F。由于命题q既为T也为F，其否定命题¬q也同时既为T也为F。因此，该推理的两个前提都为T（当然也可为F，但那与这里的讨论无关），但结论p却不为T。这就再次表明了为什么我们会从直觉上感觉这个推理是无效的。它确实是无效的。

不过，这一问题还没有讨论完毕。正如我们在第二章中所见，这一推理是根据其他两个推理而来的。刚才我们已看到，这两个推理中的第一个（即q/q∨p）在目前看来是无效的推理。另外一个因此必定是无效的，而且它确实如此。另一个推理为：

$$\frac{q \vee p, \neg q}{p}$$

现在来看一下这样一个情形：命题q既为T也为F，而命题p却只为F。经逐项推理后不难发现，这个推理的两个前提都可为T（也可为F）。但是，结论却不为T。因此，这个推理是无效的。

我在第二章中说过，这个推理从直觉上来看确实是有效的。因此，在新的解释下，我们对这个推理的直觉肯定是错误的。不过，我们可对这个事实进行一番解释。这个推理从表面看来是有效的，因为如果否定命题¬q为真，那么就排除了命题q为真，剩下的就要看命题p了。但是，根据本章的讨论，否定命题¬q为真并不排除命题q为真。只有在某个命题不能同时为真又为假的情况下才能排除命题q为真。当我们认为这个推理有效的时候，我们也许是忘记了这些可能性，而这些可能性会在自我指代这样的特殊情形下出现。

对于这个情形的解释，哪一个更好呢？是在第二章结束时所提到的那种解释呢，还是在本章所说的？这是我留给读者考虑的一个问题。在本章结束时我们要注意到，人们也许总会就新解释所依赖的观点提出质疑。我们来看一看那个骗子悖论和它的同类句吧。先看后一句。“这句话是真的”曾被认为既不为真也不为假。让我们假设该句既可为真也可为假。尤其是假设其不为真。但该句本身说自己为真。因此，它必然为假，与我们的假设——它既不为真也不为假正好相反。我们似乎陷入了自相矛盾之中。或者，我们来看一下骗子悖论句“这句话是假的”。这个句子曾被假定为可既为真又为假。我们就稍作一下调整，来看一下这一句——“这句话是不真的”。这句话的真值如何？如果它为真，那么该句所说确实如此；因此它不为真。但是如果它不为真，那么由于这就是该句所说的内容，所以它又为真。不管怎样，它总是显得既为真又不为真。这样，我们又遇到了自相矛盾的事情了。这不是说一个句子可既为T又为F；相反，这是说一个句子可同时为T又不为T。

正是这一情形使得自我指代成了自欧布里德以来人们一直争论的问题。它确实是个棘手的问题。

本章要点

- 句子既可为真又可为假，既可同时为真又为假，又可既不为真也不为假。

第六章

必然性和可能性：肯定是又会是什么？

我们不仅经常声称某事是这样的，而且声称某事**必定**是这样的。我们说："肯定会下雨"，"不会不下雨"，"必然会下雨"。我们还有其他许多表述方法。当然，实际情况也许并非如此：情况**可能**如此。我们说："明天可能会下雨"，"明天下雨是有可能的"，"明天下雨是不可能的"。如果用字母a来代替任何一个句子，逻辑学家通常会把a肯定是正确的断言用□a来表示，把a可能是正确的断言用◇a来表示。

符号□和◇被称为**模态算子**，因为它们表达了事物为真（必然地）或为假（可能地）的模态。这两个算子其实是相互联系的。说某事必然如此就等于说某事不如此是不可能的。也就是说，□a与¬◇¬a表示的意义一样。类似地，说某事如此是可能的就等于说某事为假未必正确。也就是说，◇a与¬□¬a表示的意义一样。因此，句子a为真是不可能的这个事实可以用不同的表达来表示，既可用¬◇a来表示（a句表示的情况是不可能的），也可用□¬a来表示（a句表示的情况是必然错误的）。

和我们前面所遇到的那些算子不同，符号□和◇不是真值函数。我们在第二章讲过，当你知道a的真值时，你便可以算出¬a的真值。类似地，当你知道a和b的真值，你便可以算出析取命题a∨b和合取命题a & b的真值。但是，你无法仅凭a的真值就推理得出◇a的真值。比如，我们用字母r表示句子“我明天会在七点起床”。实际上，r是假的。但是，毫无疑问，它可能为真：因为我可以把我的闹钟设置好并早起。因此，◇r为真。为了对比，我们用字母j来表示句子“我会从床上跳起来，在离地两米的高处盘旋”。和r一样，j也为假。但与r不同的是，j甚至不可能为真。(因为）那样会违背万有引力定律。因此，◇j为假。所以，由a的真值无法确定◇a的真值：r和j都为假，但◇r为真而◇a却为假。与此类似，a的真值也决定不了□a的真值。我们现在用字母r表示句子“我明天会在八点前起床”。实际上，这句话是真的；但它不是必然为真。我可能还躺在床上。我们现在用字母j来表示句子“如果我明天早晨从床上跳起来，我就已经在运动了”。这句话也是真的，但是无法表明它可能为假。它必然为真。因此，r和j都为真，但其中一个必然为真而另一个则不是。

因此，模态算子与我们前面所讲过的一切都截然不同。它们同时非常重要而且常常令人迷惑不解。为了阐明这一点，下面引用宿命论的一个论证，这是由古希腊两大哲学家中的另一位亚里士多德提出来的。

宿命论认为凡是发生的事情**必然**要发生：它是不可避免的。当一个意外事故发生或者一个人死了，没有什么事情可以预防它的发生。宿命论一直引起一些人的兴趣。当某事出了差错，人们便可从这种观点里找到一定的安慰：事情不可能以其他方式发生。而且，

图6　亚里士多德（公元前384—前322），形式逻辑学的奠基人

宿命论蕴涵了这样的观点——我无力改变所发生的事情，但这个观点显然是假的。如果我今天遇上了交通事故，我原先只要选择一条不同的路线就可避免事故。那么亚里士多德是如何论证的呢？该论证如下。（请暂时忽略粗体部分，我们后面会谈到这一点。）

你可以举任何断言为例——比如，为了阐释方便，假定说，我明天会遇上车祸。我们目前也许不知道这句话是真的还是假的，但我们知道我明天要么会遇上车祸要么不会遇上。假设第一种情况为真，那么，我实际上会遇上车祸。**如果说我会遇上车祸为真，那么我就会遇上车祸**。换言之，我会遇上车祸是必然的。我们再反过来假设，我明天实际上不会遇上车祸。那么，我不会遇上车祸就为真；如果真是如此，那么我就不会遇上车祸。换言之，我没遇上车祸是必然的。不管这两种情况中的哪一种发生了，那么它**必然**要发生。这就是宿命论。

人们对此有什么看法呢？要回答这个问题，我们来看一看现在对模态算子的一种标准理解吧。我们假设每一个情形s都有很多可能性，也就是说s可能有的各种情形——为了明确起见，我们假设是在不违反物理学定律情况下的各种情形。因此，如果s是我目前所在地方（澳大利亚）的情形，那么我在伦敦待了一周就是一个可能的情形，而我在半人马座阿尔法星（四个多光年之遥）待了一周则不是。17世纪哲学家和逻辑学家莱布尼茨之后的逻辑学家常常把这些可能的情形形象地称为**可能世界**。这样的话，◇a（a的内容可能是真的）在s情形下为真就等于a实际上在与s有关的至少一种状况下为真。□a（a的内容肯定是真的）在s情形下为真就等于a在所有与s有关的状况下都为真。这就是为什么符号□和◇不是真值函数的原因。因为a和b也许在s情形下有着相同的真值，比如说F；但是也许在与s有关的状况下却具有不同的真值。比如，a在其中一种状况（比如说s′）下为真，但b也许在什么状况下都不为真，如下图所示：

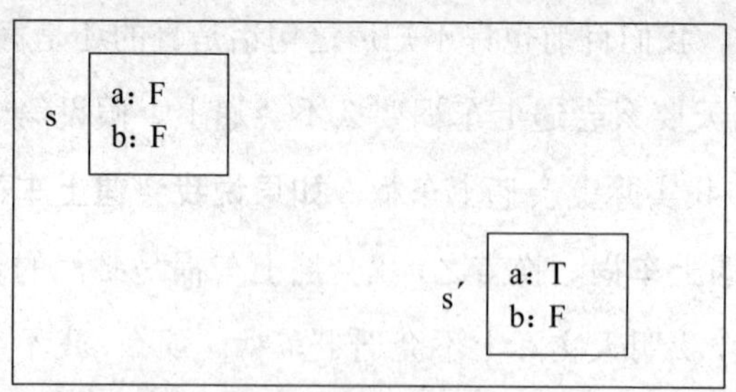

这种解释给我们提供了一种应用模态算子来进行分析推理的方法。比如，请看下面这个推理：

$$\frac{\Diamond a \quad \Diamond b}{\Diamond (a \,\&\, b)}$$

这个推理是无效的。为了探明原因，我们假设与s有关的情形为s_1和s_2，其真值情况如下：

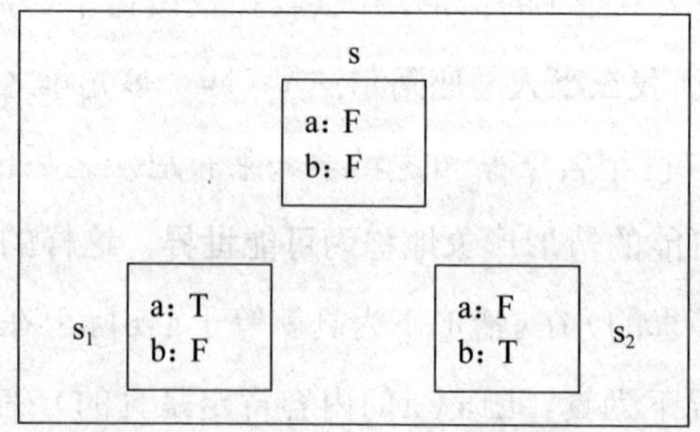

a在s_1情形下为T；因此，◇a在s情形下为真。同样，b在s_2情形下为T，因此，◇b在s情形下为真。但是，a & b在相关状况下都不为真，因此，◇（a & b）在s情形下不为真。

相比之下，下面的推理是有效的：

$$\frac{\Box a \quad \Box b}{\Box(a \,\&\, b)}$$

因为如果前提能在s情形下为真，那么a和b就会在所有与s有关的状况下都为真。不过，那样的话合取命题a & b在所有与s有关的状况下也都为真。换言之，□（a & b）在s情形下为真。

在回到以上讨论对亚里士多德论证有何影响之前，我们需要简要地谈一谈我们在前文没有提到的另一个算子。我们把“如果a，那么b”写成a→b。这种形式的句子被称为**条件句**，我们会在下一章里多次提及。我们目前需要注意的是，条件句所涉及的主要推理如下：

$$\frac{a \quad a \rightarrow b}{b}$$

（比如：“如果她有规律地外出工作，那么她就会很健康。她确实有规律地外出工作，因此，她很健康。”）现代逻辑学家通常用中世纪逻辑学家赋予它的标签来称呼这样的推理：modus ponens。从字面意义上翻译，它表示“假言推理”。（先别提问。）

现在，对于亚里士多德的论证，我们需要稍稍考虑一下条件句的形式：

如果a那么b就确实如此了。

这样的句子实际上存在歧义。它所表达的一个意思是，如果a事实上是正确的，那么b肯定正确。也就是说，如果a在我们所讨论的s情形下是正确的，那么b则在所有与s有关的情形下都是正确的。我们可将此意表达为a→□b。这样的句子会在以下话语中用到："你不能改变过去。如果某事在过去为真，现在不可能不为真。你不能做任何事情来让它按其他方式发生：它是不可改变的。"

条件句形式"如果a那么b就确实如此了"所表达的第二种意思与第一种意思截然不同。我们经常用这种文字形式来表达b由a推理而来。如果我们要说以下这样的话时就会使用这样的句子："如果弗雷德打算离婚，那么他肯定是结了婚的。"我们不是说，如果弗雷德打算离婚的话，他的婚姻就不可改变了。我们说的是，除非你结过婚，否则你是不能离婚的。在任何情形下，你都不可能只具有其一而不同时具有另一。也就是说，在任何可能的情形下，如果一个句子为真，那么另一个句子也为真。即□（a→b）是正确的。

这样的话，a→□b和□（a→b）的意义就截然不同。当然了，第一个逻辑表达式不是根据第二个推理得到的。a→b在每一种与s有关的情形下都为真并不意味着a→□b在s情形下为真。a可能在s情形下为真，而□b则不为真：b和a在某些相关的状况下也许都不为真。或者，给一个具体的反证吧：如果约翰要离婚的话，那么他是结了婚的，这必然为真；但是如果约翰要离婚的话，他必然（不可改变地）是结了婚的，这就肯定不为真了。

最后回到亚里士多德的论证上，我们来看一下我用粗体表示的那个句子："如果说我会遇上车祸为真，那么我就会遇上车祸。"这就是我们刚才一直在讨论的条件句形式。因此，它存在歧义。而且，这个论证利用了这种歧义。如果a为句子"说我会遇上车祸为真"，b为句子"我就会遇上（车祸）"，那么粗体部分的条件句在下面的意义上是正确的：

1. $\Box(a \rightarrow b)$

肯定的情况是：如果说某事为真，那么这件事实际上确实如此。但是，需要确定的是：

2. $a \rightarrow \Box b$

毕竟，论证的下一步就是要根据"假言推理"由a推理得到$\Box b$。但是，正如我们已讨论过的，表达式2是无法由表达式1推理得到的。因此，亚里士多德的论证是无效的。另外，完全相同的问题也出现在了论证的第二部分，即条件句"如果说我不会遇上车祸为真，那么我就不会遇上车祸"。

这似乎是对亚里士多德论证的一个令人满意的回答。但是有一个与之相关的论证却无法轻易得到回答。再回过头看看我们讨论过的关于改变过去的例证。如果说某些关于过去的陈述为真，现在也必然为真，这种说法似乎是真的。现在无法将它变成假的。黑斯廷斯之战发生在1066年，现在人们无法将它改变，让它发生在1067年。因此，如果p是某个关于过去的陈述，那么$p \rightarrow \Box p$。

现在来看一看某些关于未来的陈述。比如，我们还举以下断言为例：我明天会遇上车祸。假设这句话为真，那么如果某人在100年前说了这句话，他说的也为真。而且即使那时没有人说这句话，如果在更早的时候有人说了这句话，他说的也仍然为真。因此，我明天会遇上车祸在100年前就为真了。这个陈述（p）肯定是一个关于过去的陈述，而且由于陈述为真，所以其绝对陈述（$\Box p$）也必然为真。因此，我明天会遇上车祸必然绝对为真。不过，这只是一个例证；这个推理可应用到其他任何事物上。因此，任何发生的事情必然会发生。这个宿命论论证并没有犯下前面提到的第一个论证所犯的谬误（使用同样无效的论据）。这样看来，宿命论到底是否为真呢？

本章要点

- 每一个情形都与许多与之相关的可能情形相联系。
- 如果a在与s相关的每一个情形下都为真，那么$\Box a$在s情形下就为真。
- 如果a在某个与s有关的情形下为真，那么$\Diamond a$在s情形下就为真。

第七章

条件句：每个“如果”里是什么？

在这一章里，我们会致力于讨论我在前一章中简要提到的逻辑算子——条件句。还记得吧，一个条件句就是一个具有“如果a，那么c”形式的句子，我们用符号a→c来表示。逻辑学家把a称作条件句的**前件**，把c称作条件句的**后件**。我们在前面也同时注意到，关于条件句最基本的推理是“假言推理”：a，a→c/c。条件句对许多推理来说都是至关重要的。前一章只不过举了一个例子而已。不过，条件句却很令人迷惑不解。逻辑学自创立之初就开始研究条件句了。实际上，据一位古代评论家（卡利马丘斯）声称，就连屋顶上的乌鸦也曾经沙哑地嚷嚷着条件句。

我们来看一下为何条件句是令人迷惑不解的（至少找出其中的一个原因）。如果你知道了逻辑式a→c，那么你似乎可以推理得到¬（a & ¬c）（肯定a同时否定c是不正确的）。比如，我们假设某人告诉你：如果你赶不上汽车，那么就会迟到。你可以根据这句话推理得到，你会赶不上汽车而又不迟到为假。相反，如果你知道逻辑式¬（a & ¬c），你似乎就可据此推理得到a→c。比如，假设某人告诉你说，你去看电影不会不花钱（你去看电影而又不花钱为假）。你可以推理得出，如果你去看电影，你就会花钱。

逻辑式¬（a & ¬c）常写成a ⊃ c，被称为**推论条件句**。因此，a → c似乎与a ⊃ c表达相同的意思。尤其是，如果采取第二章中的方法，它们必然具有相同的真值表。以下是我留给读者的一个简单练习，以表明这一逻辑式的真值情况：

a	c	a ⊃ c
T	T	T
T	F	F
F	T	T
F	F	T

但是这张真值表很奇怪。它表明，如果c在一个情形下（第一和第三行）为真，那么条件式a → c也为真。这似乎很难是正确的。比如，堪培拉是澳大利亚联邦的首都为真；但是条件句"如果堪培拉不是澳大利亚联邦的首都，那么堪培拉就是澳大利亚联邦的首都"很明显为假。这张真值表同样表明，如果a为假（第三行和第四行），那么逻辑式a → c也为真。但这也很难是正确的。条件句"如果悉尼是澳大利亚联邦的首都，那么布里斯班[①] 也是联邦的首都"很明显也为假。哪里出错了呢？

这些例证要证明的是，符号→不是一个真值函数：逻辑式a → c的真值不是由a和c的真值决定的。"罗马在法国领土之内"和"北京在法国领土之内"都为假，但是以下推理为真：

如果意大利是法国的一部分，那么罗马就在法国领土之内。

① 布里斯班：澳大利亚港市，为澳大利亚昆士兰州首府。

而下面的推理则为假：

> 如果意大利是法国的一部分，那么北京就在法国领土之内。

那么，条件句是如何起作用的呢？

一种方法是使用前一章中所讲的可能世界。我们来看一下刚才讨论的两个条件句。在任何一个可能的情形下，意大利被并入了法国，罗马真的就在法国领土之内。但是在很多可能的情形下，意大利被并入了法国，而这对中国一点影响也没有。因此，北京仍然不在法国领土之内。这表明，只要c在与s（a在此情形下为真）有关的每一种可能的情形下都为真，那么条件句a→c在s情形下就为真；并且如果c在与s（a在此情形下为真）有关的某种可能的情形下为假，那么条件句也为假。

这就给了符号→一个似是而非的解释。比如，它表明了“假言推理”为何是有效的——至少在一个假设上是如此。这个假设是把s看作是与s有关的一个可能情形。这似乎是合理的：任何在s情形下**确实**如此的事物肯定会是一种**可能**。现在，我们假设a和a→c在某个情形s下为真。那么c在所有与s（a在此情形下为真）有关的情形下都为真。但s也是其中的一个情形，且a在此情形下为真。因此，c也为真。

再回过头来看一下我们开始所讨论的论证，我们现在可以明白问题出在哪儿了。这个论证所依赖的推理如下：

$$\frac{\neg(a \& \neg c)}{a \rightarrow c}$$

这个推理是无效的。比如，如果a在某个情形s下为F，这就足以让推理的前提在s下为真。但这并未告诉我们任何关于a和c在与s有关的可能情形下的真值情况。很可能的情况是：在其中的一个情形下，比如说在s′情形下，a为真而c不为真，如下图所示：

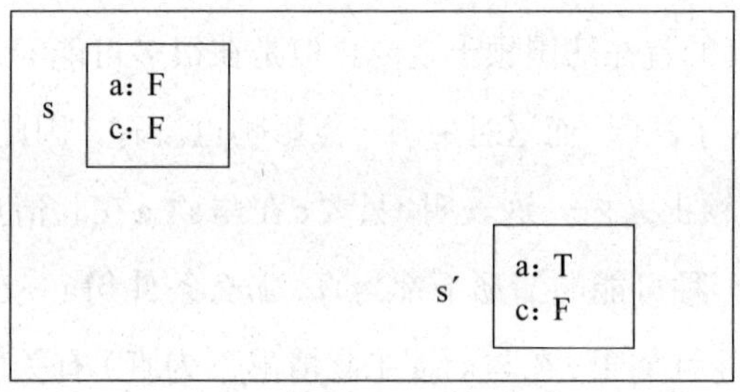

因此，条件句a→c在s情形下不为真。

我们早些时候谈的那个例子——你被告之你去看电影不会不花钱的情况又是怎样的呢？难道在这种情况下的推理看起来无效吗？假设你知道你去看电影不会不花钱：¬(g & ¬m)。你真的有权得出结论，如果你去看电影就会花钱：g→m？未必如此。假设不管怎样，即使晚上的电影免费你也不打算去看电影。（电视上有一个更加有趣的节目。）那么，你知道你会去不为真（¬g），因此，你会去而且不花钱也不为真：¬(g & ¬m)。那么你有权下结论说如果你去就得花钱吗？当然不会：那个晚上也许可以免费观看。

非常重要的是，要注意到，在你被告知之后才知道前提为真的情形下，其他因素通常也在起作用。当某人告诉你¬（g & ¬m）这样的事情时，他通常是在不知道¬g为真的情况下才这么做的。（如果他知道的话，告诉你与这种情形有关的任何事情都没有意义。）如果他告诉了你此事，那是建立在以下基础之上的：g和m之间存在某种关系，你不能在m不为真的情况下而让g为真——这正是认为该条件句为真的原因所在。因此，如果有人告诉了你前提，进行g→m的推理通常是合理的；不过，不是根据所说的内容进行推理——而是根据说话的事实进行推理。

实际上，我们经常不假思索地作出这样的正确推理。比如，假设我问一个人如何使用我的计算机，而他回答道："书架上有一本用户手册。"我于是推理而知，那是一本计算机用户手册。这不是根据实际所说的话推理出来的，但是除非那本用户手册是一本计算机用户手册，否则这句话就与我的问话毫不相干了，而人们通常都说相关的话。因此，我可以得出结论，根据他们说话这一事实可知这是一本计算机用户手册。这种推理不是一个演绎推理。毕竟，那个人可以说这句话，但指的并非是一本计算机用户手册。不过，这个推理仍然是一个非常好的归纳推理，是常被称作**会话含义**的一种推理。

我们刚才对于条件句的解释似乎进展顺利——至少就我们的讨论来看是这样的。不过，它也存在许多问题。以下就是其中的一个问题。请看下面的推理：

如果你去罗马，你就会置身于意大利。

图7　过早地下判断

如果你置身于意大利，你就会置身于欧洲。

因此，如果你去罗马的话，你就会置身于欧洲。

如果x大于10的话，那么它就会大于5。

因此，如果x大于10而又小于100的话，那么它就会大于5。

这些推理显得非常有效，而且根据本章的讨论也是如此。我们可以将第一个推理用公式表示如下：

$$\frac{a \to b \quad b \to c}{a \to c} \tag{1}$$

为了表明它是如何有效的，我们假设这两个前提都在某个s情形下为真。那么，在每一种与s（a在此情形下为真）有关的可能情形下，b都为真；同样，在每一个b为真的情形下，c都为真。因此，在a为真的每一个情形下，c也都为真。也就是说，a → c在s情形下为真。

我们可以将第二个推理用公式表示如下：

$$\frac{a \to c}{(a \,\&\, b) \to c} \tag{2}$$

为了表明它是如何有效的，我们假设前提在某个s情形下为真。那么，在每一个与s（a在此情形下为真）有关的可能情形下，c都为真。现在假设a & b在一种相关情形下也为真，那么a在那个情形下肯定也为真，因此c也肯定为真。因此，结论（a & b）→ c在s下也为真。

到目前为止，一切论证都很顺利。但问题是，有许多形式上与之完全相同的推理，却似乎是**无效**的推理。比如，我们假设一次首相选举中只有两位候选人，在任首相史密斯和琼斯。现在来看下面这个推理：

如果史密斯在选举前死了，那么琼斯便会赢得选举。如果琼斯赢得选举，那么史密斯便会退休，领养老金过活。因此，如果史密斯在选举前死了，那么史密斯便会退休，领养老金过活。

这完全是形式1的一种推理。但是很显然，会存在一个情形，在此情形下这两个前提都为真，可结论则不为真——除非是在某个异乎寻常的情形下，政府会在人死之后继续发放养老金！

或者来看一看下面这个关于史密斯的推理：

如果史密斯从一个很高的悬崖顶上跳下，她会摔死。因此，如果史密斯从一个很高的悬崖顶上跳下并打开随身携带的降落伞，她会摔死。

这是形式2的一种推理。不过，很显然，也存在许多前提为真但结论不为真的情形。

人们对此状况将会作何解释呢？请读者自己思考吧。尽管条件句对大多数推理的进行至关重要，但它们却是逻辑学最有争议的领域之一。即便鸟儿不再沙哑地嚷嚷着条件句，逻辑学家肯定还在为此争论不休。

本章要点

- 只要b在每一个与s（a在此情形下为真）有关的情形下都为真，那么$a \rightarrow b$在s情形下就为真。

第八章

未来和过去：时间真实吗？

时间是我们都很熟悉的。我们计划将来要做的事情，我们回忆过去发生的事情，而有时我们则享受现在的时光。我们在时间中寻找道路并进行有关时间的推理。比如，以下两个推理从直觉上看来是有效的：

天在下雨。	天一直在下雨，这会是真的。
天将会一直在下雨。	天在下雨。

这样的推理似乎都是很基本的推理。

但是一旦开始思考时间，人们似乎就会晕头转向。如奥古斯丁[①]所说，如果没人问我时间是什么，我知道得很清楚；可当有人问我时，我便什么也不知道了。时间最让人迷惑的地方就在于它似乎是在流淌。现在似乎是在运动：一开始是今天，接着是明天……但是，时间是如何变化的呢？时间是衡量**其他万物**变化速度的尺度。这个问题是与时间有关的其他几个难题的核心所

① 奥古斯丁（354—430）：罗马帝国基督教思想家，早期基督教教父及哲学家。曾任希波勒吉斯地区（现阿尔及利亚）主教（396—430）。著有自传体作品《忏悔录》及长篇作品《上帝之城》。

在。其中一个难题是由20世纪初期英国哲学家约翰·麦克塔格特·埃利斯·麦克塔格特提出来的。(就是这个名字没错。)就像其他哲学家一样，麦克塔格特对时间非真实这一观点很感兴趣——位于事物终极的时间就是一种幻觉。

为了解释麦克塔格特对这个观点的论证，有必要使用一些符号。就拿一个过去时的句子来说，比如“太阳那时正闪耀着”。我们可以稍微别扭地把这个句子等价地表示为“那时的情况是：太阳正闪耀着”。我们把“那时的情况是：”用**P**(代表过去)来表示。那么，我们便可把这个句子写成“**P**太阳正闪耀着”；或者再用s来代替“太阳正闪耀着”，整个句子便缩写成**Ps**。同样，再举任何一个包含将来时态的句子，比如说“太阳将会闪耀着”。(严格来说，语法学家会告诉你说，英语不像法语和拉丁语那样有特殊的将来时。不过，你也知道我的意思。)我们把这个句子改写为“将来的情况是：太阳正闪耀着”。如果我们把“将来的情况是：”用**F**(代表未来)来表示。那么这个句子便可缩写为**Fs**。(不要把这个**F**与表示真值的F混淆了。)

就像□和◇一样，**P**和**F**也是算子，附在完整句上构成新的完整句。而且，也像□和◇一样，**P**和**F**都不是真值函数。“现在是下午四点”与“现在是1999年8月2日的下午四点”这两句都为真(在我写下这两句的时候)；“快下午四点了”也为真(在当前时间)——每天都有一刻是下午四点——尽管“快到1999年8月2日的下午四点”却不是每天都有的。逻辑学家把符号**P**和**F**称做**时态算子**。时态算子可以重复叠加和组合。比如，我们可以说“太阳**将会一直**闪耀着”，换言之，“将来的情况是：过去的情况是：太阳正闪耀着”，即**FPs**。或者，我们可以说“太阳**过去一直**闪耀着”，换言之，“过去的情况是：过去的情况是：太阳正闪耀着”，即**PPs**。（尽管我们在前一章没有讨论到，我们在前一章所遇到的模态算子也可以以这种方式重复叠加。）不是所有的时态算子都有对应的确切英语表达。比如，除了这个没有多少说服力的表达式“将来的情况是：过去的情况是：太阳将会闪耀着”，英语中就没有一个更好的方法来表达**FPFs**。尽管这样的重复叠加可以产生非常好的语法意义。我们可以称**P**和**F**的重复叠加形式（如**FP**、**PP**、**FFP**等）为**复合时态**。

现在再回到麦克塔格特提出的问题上。他的推理是，如果没有过去和未来，就不会有时间：过去和未来是时间的本质所在。不过，他辩论道，过去性和未来性天生就自相矛盾；因此，现实中没有什么能与它们相对应。也许是吧。但是为什么说过去和未来是矛盾的呢？首先，过去和未来是不相容的。如果某个瞬间事件是过去的，那它就不会是未来的；反之亦然。我们用e来代表某个瞬间事件。它可以是任何事情；不过，我们假设它代表的是俄国革命中第一颗子弹打穿沙皇尼古拉的心脏。若用h来代表句子“e正发生着”，那么便可得到：

$$\neg(\mathbf{Ph}\ \&\ \mathbf{Fh})$$

但是，像所有事件一样，e有过去和未来。因为时间在流逝，所以所有事件都具有成为未来的特性（在其发生之前），**并**具有成为过去的特性（在其发生之后）：

Ph & Fh

于是，我们便得到了一个矛盾体。

这个论证不可能一直令人信服。一个事件不可能**同时**具有过去性和未来性。子弹穿过沙皇心脏的那一刻是**在不同时间**才成为过去和未来的。它一开始是作为未来之事，短暂的片刻变成了现在，然后就成了过去。但是，现在——这正是麦克塔格特论证中的狡猾之处——我们正在这里谈论的是什么？我们正在把复合时态应用到h上。我们正在说，过去的情况是：这个事件是未来之事，即**PFh**；那么过去的情况是：它是过去之事，即**PPh**。这样的话，就像简单时态那样，许多复合时态也是不相容的。比如，如果任何事件**将会**成为未来之事，那么它**曾成为**过去之事就不正确：

¬(**PPh & FFh**)

但是，就像简单时态一样，时间的流逝足以保证所有事件都有复合时态。在过去，有**Fh**；那么，在遥远的过去，便有**FFh**。在未来，有**Ph**；那么，在遥远的未来，便有**PPh**：

PPh & FFh

于是我们再次得到了一个矛盾体。

那些神志清醒的人会像前面一样回答道，h在不同的时间有不同的复合时态。那时的情况是：**FFh**；那么，**后来**的情况就变成，那时的情况是：**PPh**。但是，我们正在这里谈论的是什么？我们正在把更复杂的复合时态应用到h上：**PFFh**和**PPPh**；我们用这些复杂的复合时态进行论证，结果还是完全相同。这些复合时态彼此一点也不相容，时间的流逝却使得h拥有了所有的复合时态。我们也许会**再次**以同样的方式作出答复，但是这个答复也还会得到同样的抗辩。每当我们试图用一组时态来摆脱这个矛盾体时，我们只不过是在用同样矛盾的其他时态来描述事物而已；因此，我们永远摆脱不了这个矛盾体。这就是麦克塔格特的论证。

人们对此会有什么看法呢？为了回答这个问题，我们得先看看有关时态推理的效度问题。为了便于解释，我们假设每一个情形s_0都与一组其他情形一起出现——这次与模态算子不同，这些情形不表示与s_0有关的可能性，而只表示s_0前或s_0后的情形。就像我们通常认为的那样，我们假设时间是一维的，且在过去和未来两个方向上都是无限的，我们可以用一种非常熟悉的方式来表示这些情形：

$$\cdots\cdots s_{-3} \quad s_{-2} \quad s_{-1} \quad s_0 \quad s_1 \quad s_2 \quad s_3\cdots\cdots$$

其中，左为先，右为后。同样，每个s都可为每一个没有这些时态算子的句子提供一个真值T或者F。带有时态算子的句子的情况又怎样呢？只要句子a在s左边的某个情形下为真，那么**P**a在任何s情形下都为T；同时，只要句子a在s右边的某个情形下为真，那么**F**a在任何s情形下都为真。

我们在进行这样的推理运算时，可增加两个新的时态算子，**G**和**H**。**G**可以读作“将来总会是”，而且，只要句子a在s右边所有情形下都为真，那么**G**a在任何s情形下也都为真。**H**可以读作“过去一直是”，而且，只要句子a在s左边**所有**情形下都为真，那么**H**a在任何s情形下也都为真。（**G**和**H**分别与**F**和**P**相对应，就像□与◇相对应一样。）

这一方法可以向我们证明为何本章开头部分的两个推理是有效的。这两个推理可应用这些时态算子分别表示如下：

$$\frac{r}{\mathbf{FP}r} \qquad \frac{\mathbf{FH}r}{r}$$

第一个推理是有效的，因为如果r在某个情形s_0下为真，那么，在s_0右边任何一个情形（比如说s_1）下，**P**r都为真（因为s_0在它的左边）。但是，这样的话，**FP**r在s_0下为真，因为s_1在s_0的右边。我们可以用下面的方法来描述：

……s_{-3}	s_{-2}	s_{-1}	s_0	s_1	s_2	s_3……
			r			
				Pr		
			FPr			

第二个推理是有效的，因为如果**FHr**在s_0情形下为真，那么，在s_0右边某个情形（比如说s_2）下，**Hr**也为真。但是，这样的话，在s_2左边所有情形下，尤其是在s_0情形下，r都为真：

……s_{-3}	s_{-2}	s_{-1}	s_0	s_1	s_2	s_3……
			FHr			
					Hr	
r	r	r	r	r		

而且，就像人们所期望的那样，某些时态组合是不可能的。因此，如果h是一个只在某一个情形（比如说s_0）下为真的句子，那么**Ph & Fh**在任何s情形下都为假。两个合取项在s_0下为假，第一个合取项在s_0左边的情形下为假，第二个合取项在s_0右边的情形下为假。同样，**PPh & FFh**在任何s情形下也都为假。请读者自己进行详细推理吧。

那么，这对麦克塔格特的论证又有什么意义呢？还记得吧，麦克塔格特论证的结果是，假设h具有每一种可能的时态，那么它永远会无法避免地自相矛盾。以复杂的复合时态来解决矛盾的话，只会让它们再陷入其他的矛盾之中。就我所描述的时态算子而言，这是错误的。我们假设h只在s_0情形下为真，那么任何与h有关的、具有一种复合时态的陈述**在某个情形下**也为真。比如，我们假设**FPPFh**。它在s_{-2}情形下为真，如下图所示：

$\cdots\cdots s_{-3} \quad s_{-2} \quad s_{-1} \quad s_0 \quad s_1 \quad s_2 \quad s_3\cdots\cdots$

h

Fh

PFh

PPFh

FPPFh

显然，我们可以对每一种包含**F**和**P**的复合时态（不管在左边还是右边）按要求进行同样的推理。而且，所有这些推理都是完全一致的。情形的无限性使得我们可以在不违反它们彼此不相容的情况下，在适当的地方赋予句子h所有复合时态，比如，可让**Fh**和**Ph**在相同的情形下都为真。因此，麦克塔格特的论证是错误的。

这对那些相信时间的现实性的人来说是一个令人高兴的结果。但是，那些赞同麦克塔格特论证的人也许还没有被我们的描述所说服。假设我给你一组建造一所房子的具体要求：前门在这里，一扇窗户在那儿……你是怎么知道这些要求都是一致的呢？你是怎么知道在建造的时候一切要求都能满足，并且不会被要求呢——比如说，把门放到不相匹配的位置上？解决这个问题的一个方法就是先造一个与所有建造要求一致的模型。如果能造一个这样的比例模型，这些建造要求就一致了。这也是我们讨论时态时同样要做的事情。这个模型就是情形序列加上赋予每个时态句子T值和F值的方法。这个模型要比房子的模型稍微复杂

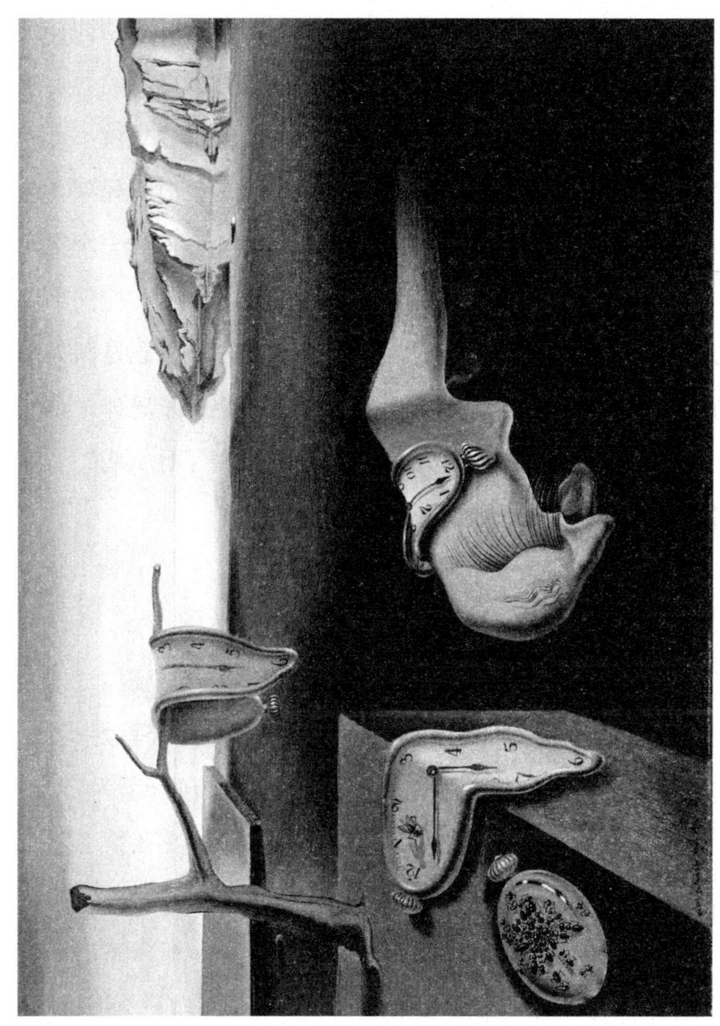

图8 空间不流动。萨尔瓦多·达利的名画《永恒的回忆》

些，但其中的原理在本质上是相同的。

不过，你可能会反对一种模型。模型有时会忽略掉重要的事情。比如，在一个房屋的比例模型中，一根横梁也许不会坍塌，因为它承受的压力要比实际情况下所承受的压力小得多。真正建筑中的横梁也许需要承担过大的重量，这样真正的建筑就不可能被建造出来了——模型却仍然可以。同样，我们的时间模型会忽略掉重要的事情。毕竟，我们所做的也只是给出时间的一个**空间**模型（左、右等等）。但是，空间和时间是截然不同的。空间不以时间流动的方式流动（不管那实际是怎样的方式）。正是因为时间的流动才产生了麦克塔格特所指的那个假想的矛盾体。难怪这没有在模型中出现呢！那么，模型中到底漏掉了什么呢？一旦把它也考虑进去，这样的矛盾还会重现吗？

本章要点

- 每一个情形都与许多先前的和后来的情形一起出现。
- 如果a在某个后来的情形下为真，那么**F**a在该情形下就为真。
- 如果a在某个先前的情形下为真，那么**P**a在该情形下就为真。
- 如果a在每一个后来的情形下为真，那么**G**a在该情形下就为真。
- 如果a在每一个先前的情形下为真，那么**H**a在该情形下就为真。

第九章

身份和变化：事物永远相同吗？

我们还没有结束对时间的讨论。时间还在其他许多难题中出现，本章中我们将探讨其中的一种。这类难题涉及事物变化时所产生的问题，尤其涉及即将谈到的那些在时间中发生变化的物体的同一性问题。

下面就是一个例子。我们都认为物体能在变化中保存下来。比如，当我油漆橱柜时，尽管它的颜色也许发生了变化，可它还是同一个橱柜。或者当你改变发型，或者假如你不幸失去了一条腿或胳膊，你还是你。但是，事物是如何在变化中保存下来的呢？当你改变发型时，发型改变后的人是不同的，截然不同。如果发型改变后的人不同了，那么他就是一个不同的人；因此，原来的你就不复存在了。同样道理，有人会争辩说，没有什么物体能从任何变化中持续不变地保存下来。因为任何变化都意味着原来的物体不复存在，而且被一个完全不同的物体所取代。

这样的论据在哲学史上的不同时期都出现过；但是现在的逻辑学家基本上一致认为这样的论据是错误的，是建立在一种简单的模糊性之上的逻辑。我们必须要区分一个物体和它的属性。当我们说具有不同发型的你是不同的，我们是在说你具有不同的属性。这并不表示你实际上会像我与你不同那样成为一个完全不同的人。

人们之所以不能区分成为某个物体和具有某种属性，是因为在英语中，动词to be和它的不同的语法形式——is，am等等——能用来表达这两个方面的意义。（其他语言中类似的词语也是如此。）如果我们说“桌子是红色的”、“你的头发现在很短”等等，我们是在赋予一个物体以某种属性。但是，如果某人说“我是格雷厄姆·普里斯特”，“赢得赛跑的人就是去年赢得赛跑的那个人”等等，那么他是在以某种方式识别某人。换言之，他是在陈述某人的身份。

逻辑学家把is的第一种用法称作**述谓词**is，第二种用法称作**身份识别词**is。由于这两种用法有不同的属性，我们需要以不同的方式来表示。述谓词is我们在第三章中已经遇到过了。“约翰是红色的”（John is red）经典的表示形式为jR。（实际上，就像我在第三章中指出的那样，更为普通的表示形式为Rj。）身份识别词is用我们学数学时就很熟悉的=来表示。因此，“约翰就是那个曾经赢得赛跑的人”便可表示为：j=w。（名称w在这里表示一个摹状词，不过这在此没有多大意义。）这样的句子被称为**身份识别句**。

身份具有什么样的属性呢？首先，它是一种关系。关系是一种将两个对象联系起来的东西。比如，**看**就是一种关系。如果我们说“约翰看见了玛丽”，那么我们就是在陈述他们间的关系。由一种关系联系起来的对象未必就非得不一样。如果我们说“约翰看见了他自己”（也许是在镜子中），那么我是在陈述约翰与自己之间的一种关系。因此，身份是一种非常特殊的关系，是每个对象与自身产生的关系而非与其他对象的关系。

你也许认为这会使身份变成一种毫无用处的关系，但事实并非如此。比如，如果我们说“约翰是那个曾经赢得赛跑的人”，那么我们就是在说由“约翰”所指的对象和由“那个曾经赢得赛跑的人”所指的对象之间的身份关系——也就是说，这两个名称指的是完全相同的一个人。这会是一个非常重要的信息。

不过，关于身份，最重要的莫过于它所涉及的推理。以下就是一例：

约翰是那个曾经赢得赛跑的人。

那个曾经赢得赛跑的人获奖了。

因此，约翰获奖了。

我们可把这个推理表示如下：

$$\frac{j=w \quad wP}{jP}$$

这个推理在以下条件下是有效的：对任何对象x和y来说，如果x=y，那么x便具有y所具有的任何属性，反之亦然。一个完全相同的对象要么具有所说的那个属性，要么不具有。为了纪念莱布尼茨，这被称为**莱布尼茨定律**——我们在第六章中已提到过此人。莱布尼茨定律的一个应用就是：第一个前提是身份陈述，比如说m=n，第二个前提则是一个侧面说明身份标记的名称（比如说m），那么结论可以通过用n替代m来获得。

莱布尼茨定律是一个非常重要的定律，它有许多毫无问题的应用。比如，高中代数告诉我们：$(x+y)(x-y)=x^2-y^2$。因此，如果你在解一个代数题目，并已知$x^2-y^2=3$，那么你就可以应用莱布尼茨定律得到$(x+y)(x-y)=3$。不过，这种具有欺骗性的简单隐藏了很多问题。尤其是，似乎有许多反例存在。比如，请看下面这个推理：

约翰是那个曾经赢得赛跑的人。

玛丽知道那个曾经赢得赛跑的人获奖了。

因此，玛丽知道约翰获奖了。

这个推理看起来像是莱布尼茨定律的一个应用，因为结论是通过用“约翰”来代替第二个前提中的“那个曾经赢得赛跑的人”而获得的。然而，很明显，两个前提都可能为真，而结论却未必为真：玛丽也许不知道约翰就是那个赢得赛跑的人。这个推理违背了莱布尼茨定律吗？未必如此。该定律说，如果x=y，那么x的任何属性也是y的一种属性。那么，“玛丽知道x获奖了”这一条件表达了x的一个属性吗？并非当真如此：相反，该句似乎表达出了玛丽的一个属性。如果玛丽突然间不复存在了，这并不会对x有任何的改变！（“知道”这样的逻辑表述语在逻辑学里仍然是有争议的。）

另外一个问题如下。这里有一条路，一条柏油碎石路，我们称之为t。这里有一条路，一条泥土路，我们称之为d。可是，这两条路是同一条路，t=d。只不过柏油碎石那段没有通到路的尽头。因此，根据莱布尼茨定律，t是一条泥土路，而d是一条柏油碎

图9　哥特弗雷德·威廉·冯·莱布尼茨（1646—1716），现代最后一位著名的逻辑学家

石路——它们可不是同一条路。问题出在哪里呢？我们不能说泥土或者柏油碎石就不是马路的真正属性。它们确实是马路的属性。问题（可论证地）在于，我们对属性的规范要求不够精确。相关的属性是路的**某某地方是柏油碎石**而**某某地方则是泥土**。由于t和d是同一条路，它们同时具有这两种属性，因此，我们并未违背莱布尼茨定律。

到目前为止一切都很顺利。这些问题都相对简单。我们现在来看一个不那么简单的问题。但是，现在要把时间因素考虑在内。为了解释这个问题的症结，有必要使用前一章所介绍的时态算子，尤其是符号**G**（“将来总会是：”）。我们用x来表示任何事物（一棵树、一个人等），请思考一下这个陈述：x=x。这个陈述说明x具有与x完全一样的属性，这显然为真：这恰恰就是身份的意义所在。不管时间怎样改变，这个陈述都是如此。这不仅在目前如此，在未来的所有时间里也是如此，在过去的所有时间里也都是如此。这样的话，**G**x=x为真。现在，来看下面这个莱布尼茨定律的实例：

$$\frac{x=y \quad \mathbf{G}x=x}{\mathbf{G}x=y}$$

（我们只用y替代了第二个前提中的一个x，千万别让这个做法弄懵了。这样运用莱布尼茨定律非常有意义。只要看一看下面这个例子便可清楚它的意义：“约翰是那个曾经赢得赛跑的人，约翰看见了约翰，因此约翰看见了那个曾经赢得赛跑的人。”）这个推理要证明的是，如果x与y完全一样，且x具有x在未来所有时间里都完全一样的属性，那么y也具有这样的属性。如我们刚才所注意到的，既然第二个前提为真，那么便可推理得到：如果两个事物完全一样，它们将永远一样。

这个推理怎么样？简单地说，它未必总是正确的。比如，我们来看一下变形虫吧。变形虫是单细胞水生物，靠分裂生殖进行繁衍：一个变形虫会从中间裂开，分成两个变形虫。现在，我们假设某个变形虫A，分裂后变成两个变形虫B和C。在分裂前，B和C都曾经是A；因此，在分裂前，B=C。可是，在分裂后，B和C是不同的变形虫，即¬B=C。因此，即使两个事物现在一样，未必就表明它们将来还一样。

我们不能以前面解决问题的方法来解决这个问题。与将来所有时间内的x完全一样的属性肯定就是x的一个属性。这似乎也没有表明这种属性不够明确。我们似乎也无法使它更精确，以避免这一问题。

人们还会说什么呢？一个自然的想法是这样的。在分裂前，B并不是A：它只是A的**一部分**。但是，B是一个变形虫，而A是一个单细胞生物：它没有哪个部分是单独的变形虫。因此，B不是A的一部分。

人们也许会更为极端地认为，B和C在分裂前实际上并不存在，分裂时它们才开始存在。如果它们在分裂前不存在的话，那么它们在分裂前就不是A。因此，在分裂前就不存在B=C。但是这似乎也是错误的。B并不是一个新的变形虫；它的确是A，只不过它的一些属性发生了变化而已。如果这还不够清楚的话，我们再假设C在分裂生殖时死掉了。这样，我们就会毫不犹豫地说B就是A。（这就像蛇蜕皮那样。）因此，事物的身份不会因为它周围有没有其他事物而受到影响。因此，A就是B。同样，A也是C。

当然，人们也许会坚持说，因为A呈现出了新的属性，所以严格来说，它是一个新的事物，而不仅仅是一个具有新属性的旧事物。因此，B不是真正意义上的A。C同样不是。不过，这样的话，我们又回到了本章开头的那个问题上了。

本章要点

- 如果名称m和n所指的对象相同，那么m=n为真。
- 如果两个对象相同，那么一个对象的任何一种属性也是另一个对象的一种属性（莱布尼茨定律）。

第十章

模糊性：你如何在滑坡上停止下滑？

我们在讨论身份这一主题时，又产生了另外一个问题。每个事物都会随着时间流逝而产生消耗。有时候，部分被取代了。摩托车和汽车换了新的离合器，房子换了新的屋顶，甚至人体中单个细胞也随着时间推移而被新的细胞所取代。这样的变化并不影响事物的身份。当我更换摩托车的离合器时，它还是原来的摩托车。现在，我们假设过了几年时间，我把“黑色霹雳”牌摩托车的每个部件都更换了。作为一个细心的人，我保留了原来的旧部件。当每个部件都被更换掉后，我把所有原来的部件都重新装好，重新制造出原来的那辆摩托车。但开始时它是“黑色霹雳”，更换一个部件并不影响它的身份：它还是同一辆摩托车。所以，每次更换一个部件后也是如此，这个机器仍然是“黑色霹雳”；直到最后，它还是——“黑色霹雳”。但是我们知道这是不正确的。车库里，“黑色霹雳”现在就立于它旁边。

这里还有一个例子表明了同样的问题。一个5岁的人（从生理上来讲）还是一个孩子。如果某人是一个孩子，那么一秒钟之后，他/她还是一个孩子。这样的话，再过一秒钟，他/她还是一个孩子，再过一秒钟，再过一秒钟……过了630，720，000秒钟后，他/

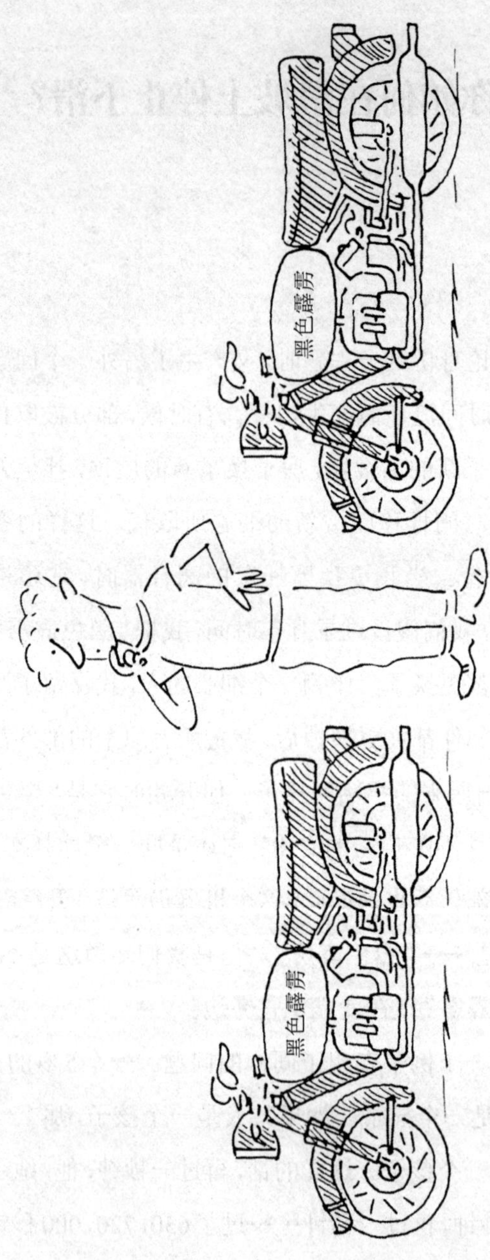

图10 一个摩托车手的困惑

她还是一个孩子。但是，那时他/她却已经25岁了！

这样的论证被认为是由欧布里德创造使用的，这个欧布里德还创造了我们在第五章所说的骗子悖论。这些论证现在被称为**连锁推理悖论**。（这种论证的标准形式是：每次增加一粒沙子，永远也不能形成一个沙堆；“连锁推理”这个词来源于希腊语单词soros，意思是“堆”。）这些是逻辑学中最让人恼火的一些悖论。它们之所以会产生是由于其所使用的谓语（“是黑色霹雳”，“是一个孩子”）在某种意义上是**模糊的**；换言之，它的适应性只允许非常小的变化：如果应用到一个事物上，那么事物中一个非常小的变化不会改变这个事实。实际上，我们在日常对话中所使用的这种谓语在这个意义上都是模糊的：“是红色的”、“是清醒的”、“是高兴的”、“是喝醉了的”——甚至“是死了的”（死亡需要时间）。因此，连锁推理之类的滑坡论证极有可能在我们的推理中普遍存在。

为了集中探讨连锁推理问题，我们详细地来看一下下面这个论证。假设杰克就是那个5岁的孩子。我们用a_0来表示句子“零秒之后杰克是个孩子”，用a_1来表示句子“一秒之后杰克是个孩子”。如n是任意一个数字，那么a_n则表示句子“n秒之后杰克是个孩子”。假设k是个非常大的数字，至少有630，720，000那么大。我们知道，a_n为真。（在零秒之后，杰克仍然是5岁。）对于每个数字n，我们进行以下条件推理：$a_n \rightarrow a_{n+1}$。（如果杰克在任何时间是一个孩子，那么他在一秒钟之后仍然是孩子。）我们可以采用“假言推理”的推理顺序把所有这些前提联结起来：

$$\cfrac{\cfrac{a_0 \quad a_0 \to a_1}{a_1} \quad a_1 \to a_2}{a_2}$$

$$\ddots$$

$$\cfrac{a_{k-1} \quad a_{k-1} \to a_k}{a_k}$$

最后得到了a_k，我们知道a_k不为真。什么地方出现了错误，而且似乎也没有多少回旋的余地。

那么，我们又有什么好说的呢？下面是一个解决方案，它有时被称作**模糊逻辑**。作为孩子的属性似乎逐渐地淡出，而作为（从生理上讲）成人的属性则似乎渐渐显现。人们很自然地会认为“杰克是个孩子”逐渐地由真变为假。那么，真实性是根据不同程度逐渐显现的。假设我们用1和0之间的数字来衡量这些程度，1表示完全为真，0则表示完全为假。于是，每一个情形都赋予每个句子这样一个数字。

那些包含否定和合取等算子的句子的情况又是怎样的呢？随着杰克长大，“杰克是个孩子”的真值就降低了。“杰克不是个孩子”的真值就逐渐增加。这表明，$\neg a$的真值就是1减去a的真值。假如我们把a的真值写作$|a|$，那么，我们便可得到：

$$|\neg a| = 1 - |a|$$

下表列出了某些样例的真值情况：

a	¬a
1	0
0.75	0.25
0.5	0.5
0.25	0.75
0	1

合取命题的真值又是怎样的呢？一个合取命题只能具有真值最低的合取项的真值。因此，人们很自然地认为，a & b的真值就是｜a｜和｜b｜中**最小**的那一个。

$$|a \& b| = \mathrm{Min}(|a|, |b|)$$

下表列出了某些样例的真值情况，a的真值列于左边一列，向下递减；b的真值列于表顶部那一行。相应的a & b的真值则列在纵横交会处。比如说，我们要找到｜a & b｜的真值，而｜a｜=0.25，｜b｜=0.5，那么就找数字的纵横交会处。结果用黑体标明了。

a & b	1	0.75	0.5	0.25	0
1	1	0.75	0.5	0.25	0
0.75	0.75	0.75	0.5	0.25	0
0.5	0.5	0.5	0.5	0.25	0
0.25	0.25	0.25	**0.25**	0.25	0
0	0	0	0	0	0

类似地，一个析取命题的真值就是析取项的**最大**（较大）真值，即：

$$|a \vee b| = \text{Max}(|a|, |b|)$$

请读者自己画出一张某些样例的真值表。请注意，根据上文的阐述，符号¬，&和V仍然是真值函数符号。换言之，a & b的真值还是由命题a和b的真值决定的。只不过那些真值现在变成了0到1之间的数字，而不是原来的T和F。（不过，也许值得注意的是，如果我们把1看作T且把0看作F，那么真值只为1和0的情况就会与第二章中所谈到的真值函数情况一样，您自己可以核实一下。）

条件句的情况又是怎样的呢？我们在第七章已经看到，有很多合理的理由说明符号→不是一个真值函数，不过，我们在这里可把这些担心放到一边。如果它是一个真值函数，考虑到真值程度，它又会是哪一个函数呢？似乎也没有什么明显的答案。这里是一个（相当标准的）建议，它至少可以对结果进行正确的**分类**。

如果 $|a| \leqslant |b|$ ： $|a \rightarrow b| = 1$

如果 $|b| < |a|$ ： $|a \rightarrow b| = 1 - (|a| - |b|)$

（符号<表示“小于”，≤表示“小于或等于”。）因此，如果条件句的前件不像后件那么真的话，那么该条件句完全为真。如果前件比后件更加真，那么条件句的真值就小于最大值减去前件和后件的真值之差。下表列出了某些样例的真值情况。（a的真值列于左边这一列，向下递减；b的真值列于表顶部那一行。）

a→b	1	0.75	0.5	0.25	0
1	1	0.75	0.5	0.25	0
0.75	1	1	0.75	0.5	0.25
0.5	1	1	1	0.75	0.5
0.25	1	1	1	1	0.75
0	1	1	1	1	1

推理的效度又是怎样的呢？如果一个推理的结论在前提为真的每一个情形下都为真的话，那么它就是有效的。但是，现在的情况是，在某个情形下为真指的又是什么呢？指的是它足够真。但是怎样才算足够真？那就要根据语境而定。比如说，“是一辆新的自行车”是一个模糊的谓语。如果你去一名自行车经销商那儿，他告诉你某辆车是新的，你就会期望它是从未使用过的。换言之，你期望“这是一辆新的自行车”具有真值1。而另一方面，假设你去参加一场公路车赛，被要求选新的自行车。你会选那些不超过一年的自行车。换言之，你的可接受的新自行车标准就更为宽泛了。“这是一辆新的自行车”只需要，比如说0.9或更大一点的数值。

因此，我们假设存在由语境所确定的某个可接受的水平。这可能是0与1之间的某个数字——也许在极端情况下就是1本身。我们用符号ε来表示这个数字。这样，只要在每一个前提的真值都至少像ε一样大的情形下，一个推理的真值至少也像ε一样大，那么它在该情形下就为真。

那么，这对连锁推理悖论又有什么意义呢？假设我们有一组连锁推理。就像前文一样，我们用a_n表示句子“n秒之后杰克是个孩子”；但为了易于操作，我们假设杰克四秒后就长大了！那么，便可产生如下一张真值的记录表：

a_0	a_1	a_2	a_3	a_4
1	0.75	0.5	0.25	0

$a_0 \to a_1$具有0.75的真值=（1-（1-0.75））；$a_1 \to a_2$的真值也是这么大；实际上，每一个条件句形式$a_n \to a_{n+1}$的真值都是0.75。

这告诉我们，连锁推理悖论依赖的是可接受水平ε，它在这里是起作用的。假设语境要求有最高的可接受水平，即ε=1，在这种情况下，“假言推理”是有效的。因为，假设｜a｜=1，且｜a→b｜=1。由于｜a→b｜=1，所以我们必然具备｜a｜≤｜b｜的条件。于是可推理得到｜b｜=1。因此，连锁推理的论证是有效的。但在这种情况下，条件句的每个前提的真值若为0.75则是不可接受的。

另一方面，如果我们把可接受水平设置为小于1，那么“假言推理”的结果就是无效的。为了阐述方便，我们假设ε=0.75。如我们前面所见，a_1和$a_1 \to a_2$的真值都为0.75，但a_2的真值却是0.5，小于0.75。

这样，不管你采取这两种方法中的哪一种，这个论证都不为真。要么某个前提是不可接受的；要么前提是可接受的，但推理得到的结论却没有效度。为何我们这么容易就被连锁推理蒙骗呢？也许是因为我们混淆了完全为真和几乎为真。不能对此进行区分通常不会造成多大差异。但是，如果你一次又一次地进行推理后，它就会造成很大差异了。

这是对这个问题的一种分析。但是有了模糊性，什么也别想简单明了。说“杰克是个孩子”完全为真，但到了某个特定的时间点它又变成完全为假了，问题出在哪里呢？不过似乎也不存在这样的一个时间点。人们选择在任何一点划界都是任意之举，它至多是一个习惯性行为。但是，现在的情况是：在杰克成长的哪一个时间点上他百分之一百地不再是一个小孩了？换言之，在哪个时间点上“杰克是个小孩”的真值由1变成小于1了？像前面所说的那样，人们选择在任何一点划界都是任意之举。（有时，这被称作**高位数模糊性**问题。）如果这是正确的，那么我们并没有真正解决模糊性的最基本问题，我们只不过是把它重新定位了一下而已。

本章要点

- 真值是0到1之间的数字（包含0和1）。
- $|\neg a| = 1 - |a|$
- $|a \vee b| = Max(|a|, |b|)$
- $|a \& b| = Min(|a|, |b|)$
- 如果 $|a| \leqslant |b|$：$|a \rightarrow b| = 1$；
  如果 $|a| > |b|$：$|a \rightarrow b| = 1 - (|a| - |b|)$
- 只要一个句子的真值至少与（语境所决定的）接受水平一样大，那么它在该情形下就为真。

第十一章

概率：缺少基准组类的特例

前面各章至少让我们初步认识到了什么样的推理从演绎的角度来看是有效的，并了解了其中的原因。现在该回到归纳效度的讨论上了：探讨那些前提为结论提供某种背景的推理的效度问题；不过，即使前提在某个情形下为真，结论仍然可以为假。

正如我在第一章所提到的，夏洛克·福尔摩斯很擅长这种推理。下面我们就以他的一个推理为例作为我们讨论的开始。《红发会》之谜是这样开头的，一位杰贝兹·威尔逊先生来拜访福尔摩斯和华生。当威尔逊进屋时，华生就想看看福尔摩斯是怎样对他进行推断的：

> "他干过一段时间的体力活，吸鼻烟，是个共济会会员，到过中国，最近写过不少东西。除了这些显而易见的情况以外，我推断不出别的什么。"
>
> 杰贝兹·威尔逊先生在他的座椅上突然挺直了身子，他的食指仍然压着报纸，但眼睛已转过来看着我的同伴。
>
> 他问道："我的老天爷！福尔摩斯先生，你怎么知道这么多我的事？"

福尔摩斯很高兴地进行了解释。比如，关于写东西他是这样说的：

> “还有别的什么更能说明问题吗？那就是：你右手袖子上足有五寸长的地方闪闪发光，而左手袖子靠近手腕经常贴在桌面上的地方打了个整洁的补丁。”

尽管福尔摩斯习惯把这样的推理称为一种演绎推理，这个推理实际上却是一种归纳推理。即使没有写什么东西，威尔逊的衣服也会呈现上述特征，这是完全有可能的事。比如说，这件衣服

图 11　福尔摩斯展示他高超的逻辑推理能力

很可能是他从某个写过东西的人那里偷来的。这个推理显然也很有道理。是什么使得这个推理以及类似的推理显得很有道理的呢？一种似乎可信的答案就是概率。下面我们就来谈一谈概率，之后再回到这个问题上来。

概率就是赋予一个句子的一个数字，用于测量在某种意义上这个句子正确的可能性有多大。我们用pr（a）来表示a的概率。按照惯例，我们用0到1之间的数值来测量概率。如果pr（a）=0，那么a肯定为假；随着pr（a）的增大，a正确的可能性就越大，直到pr（a）=1时，a肯定为真。

对这些数字我们还有什么要说的吗？让我们以一个简单的例子来阐述吧。假设我们来思考某一周内各天的天气情况。我们用w来表示一个句子（不管它的内容在每一天是正确的还是错误的——比如说“天很暖和”），用r表示另外一个句子——比如说“天在下雨”。相关信息列于下表：

	星期一	**星期二**	**星期三**	**星期四**	**星期五**	**星期六**	**星期天**
w			√	√		√	√
r		√	√			√	

打勾表示该句在那一天为真，空白表示该句在那一天不为真。

如果我们谈论这一周的情况，那么在任意选择的某一天，天气暖和的概率为多少呢？有四天天气暖和，而一周共有七天。因此，概率为4/7。类似地，有三天是下雨的，因此下雨的概率为3/7：

$pr(w)=4/7$

$pr(r)=3/7$

一般地，如果我们用#a表示句子a为真的天数，用N表示总天数，那么：

$pr(a)=\#a/N$

概率与否定、合取和析取之间的关系如何？我们先来看一下否定。¬w的概率是多少？你看，共有三天不是很暖和，因此$pr(\neg w)=3/7$。注意，$pr(w)$和$pr(\neg w)$之和等于1。这并不是什么偶然。我们有以下公式：

$\#w+\#\neg w=N$

将等式两边都除以N，我们便可得到：

$$\frac{\#w+\#\neg w}{N\quad N}=1$$

即，$pr(w)+pr(\neg w)=1$。

合取和析取的情况如下：共有两天是既暖和又下雨的，因此，$pr(w\ \&\ r)=\#(w\ \&\ r)/N=2/7$。共有五天是要么暖和要么下雨的，因此，$pr(w \vee r)=\#(w \vee r)/N=5/7$。这两个数字之间的关系如何呢？为了获得w V r为真的天数，我们可以用w为真的天数加上r为真的天数。但这样是行不通的，因为有些天被计算了两次：星期三和星期六。这两天既下雨又很暖和。因此，为了获得正确的数字，我们得减去既下雨又暖和的天数，即：

$$\#(w \vee r)=\#w+\#r-\#(w \,\&\, r)$$

等式两边都除以N，我们便得到：

$$\frac{\#(w \vee r)}{N}=\frac{\#w}{N}+\frac{\#r}{N}-\frac{\#(w \,\&\, r)}{N}$$

也就是说：

$$pr(w \vee r)=pr(w)+pr(r)-pr(w \,\&\, r)$$

这就是合取命题和析取命题的概率之间的总体关系。

我们在前一章中看到，真值的程度也可用0到1之间的数字进行测量，因此我们也许会自然而然地认为真值的程度和概率是一样的。其实它们并不一样。尤其是在进行合取和析取运算时，算法截然不同。对真值的程度来说，析取是一个真值函数。具体来说，|w V r|的真值是|w|和|r|真值中最大的那个；而pr（w V r）的概率却不只是由pr（w）和pr（r）决定的，我们刚才也看到了这一点。尤其在我们刚才所举的例子w和r中，

$pr(w)=4/7$，$pr(r)=3/7$，$pr(w \vee r)=5/7$。但是，如果$|w|=4/7$，且$|r|=3/7$的话，$|w \vee r|$的真值就应该是4/7，而不是5/7。

在我们回头讨论归纳推理以前，再谈一点我们需要知道的概率知识。还以我们所举的一周情况为例，任选某一天，下雨的概率为3/7。不过，假设你知道这一天很暖和，那么现在下雨的概率又是多少呢？共有四个暖天，但其中只有两天是雨天，因此，概率为2/4。这个数字被称为**条件概率**，写成：$pr(r|w)$，表示r在w条件下的概率。我们如果再多加思考一下，便可获得一个计算条件概率的一般公式。我们是如何得到2/4这个数字的呢？首先，我们把天数限制在w为真的那些日子上，然后再用r同时也为真的天数（当w和r都为真的天数）来除以这个数字。换言之：

$$pr(r|w)=\#(w\&r) \div \#w$$

根据代数运算法则，这也等于：

$$\frac{\#(w\&r)}{N} \div \frac{\#w}{N}$$

而这也就等于$pr(w\&r) \div pr(w)$。

于是我们便得到条件概率的一般公式：

$$\textbf{CP}: pr(w|r)=pr(w\&r)/pr(w)$$

在应用这个公式时要多加小心。用0来除的话就没有任何意义了。比如，3/0就没有意义了。数学家把这样的比例式称作**未限定式**。我们用pr（w）来除pr（w | r）的公式，只有当前者不为0时该公式才有意义；也就是说，只有在w至少有时为真的情况下，该公式才有意义。否则，该条件概率就是未限定式。

最后，我们再回头讨论一下归纳推理。一个推理具有归纳效度的条件是什么？只要前提能使结论的肯定式更有可能即可。换言之，结论c的条件概率在前提p（如果存在多个前提，则为合取前提）下，要大于c的否定式：

$$pr(c \mid p) > pr(\neg c \mid p)$$

因此，如果我们要对一周情况进行推理的话，那么以下推理：

这是一个下雨天，因此天很暖和；

从归纳角度来看是有效的。这很容易核实，因为pr（w | r）=2/3，而pr（¬w | r）=1/3。

这个分析可用于证明我们在本章一开始所提到的福尔摩斯的推理为何是有效的。福尔摩斯得出结论：杰贝兹·威尔逊写了大量的东西（c）。他前提的大致意思是，威尔逊夹克上有某些标记（p）。下面，假设我们回到福尔摩斯时代的伦敦，并集中所有有那样袖口的人，那么大部分人都会是职员，工作时间主要是写东西——或者我们也许可以假设他们是这样的人。因此，在衣服上有那些特征的情况下，杰贝兹一直做大量的书写工作的可能性要比他不是职员的可能性更大。福尔摩斯的推理从归纳角度来看实际上是有效的。

结束前我要请大家注意一下我们在使用这个方法时所遇到的一个疑问。如我们刚才所见，概率可以用一个比率来计算：我们采用某种**基准组类**，然后在这个范围内计算不同组别的数字，然后进行除法运算。但是，我们使用哪一个基准组类呢？在天气的例子中，我一开始就规定了基准组类：某个特定周的几天。不过，现实生活中的问题并不是以这样的方式提出来的。

我们再来看一看杰贝兹·威尔逊的例子。为了算出这一例子中的相关概率，我建议采用的基准组类包含了福尔摩斯时代住在伦敦的人。但为什么要采取这一基准组类？为什么不把范围扩大到福尔摩斯时代的所有英格兰人，或者所有欧洲人，或者缩小到只包括在伦敦居住的男人，或者那些能来拜见福尔摩斯的人？也许在上述一些情况下并无多大区别。但是，在其他一些情况下肯定会产生很大的差别。比如，来拜见福尔摩斯的人相对而言都很富有，不可能穿别人穿过的旧衣服。范围过大，情况也会截然不同。因此，什么样的标准才是恰当的基准组类呢？这是一个让保险精算师（为保险公司计算风险指数的人）彻夜不眠的问题。

在刚才的分析里，最精确的基准组类似乎是一个只包含威尔逊本人的组类。毕竟，**其他**人的事实最终与他又有多大关系呢？

但是，如果那样的话，他要么一直做大量的书写工作，要么就不做书写工作。在第一种情况下，他有闪闪发亮的袖口表明他从事书写工作的概率为1，且这个推理是有效的；在第二种情况下，他从事书写工作的概率为0，推理是无效的。换言之，推理的效度完全要看结论是否为真。因此，你不能为了确定结论是否为真而使用这个推理。如果那样的话，所讲的效度的概念就毫无用处了。

本章要点

- 一个陈述的概率等于它为真的情形的数量除以基准组类中的情形的数量。
- $pr(\neg a)=1-pr(a)$
- $pr(a \vee b)=pr(a)+pr(b)-pr(a \& b)$
- $pr(a \mid b)=pr(a \& b)/pr(b)$
- 只要结论在前提（合取前提）下的条件概率大于其在相同前提下否定式的条件概率，那么这个推理就是有效的。

第十二章

逆概率：你不会不偏不倚的！

前一章让我们对概率以及它在归纳推理中可能起到的作用有了一个基本的了解。在本章中，我们将会更深入地探讨这个问题。我们先来看一个非常著名的归纳推理。

宇宙物质并不是任意组合起来的一团。它呈现出非常特别的模式：物质按照一定的结构形成了星系，星系又形成恒星和行星体系，同时，在其中的一些行星上，物质又按照一定形式形成了你我一样的生物。人们对此会有什么样的解释呢？你也许会说，用物理学和生物学定理来解释。也许是吧。但是，为什么物理学和生物学定理就是那样的？毕竟，这些定理本来可以是另外一副样子。比如，引力本来可以是一种**排斥**力，而不是吸引力。那样的话，就永远不会再有稳定的物质块，我们所知道的生命在宇宙的任何地方也不会存在。这是否给了我们充足的理由去相信还存在着一个宇宙的创造者：一个智慧的存在物，他为了某种目的用物理学和生物学定理创造了宇宙？简言之，难道宇宙物质按照现在这样的方式有序排列不能让我们有理由相信存在某种神灵吗？

这一论证常被称作“根据设计论证”（为证明上帝的存在）。

图12　物质具有非常显著的结构。一个漩涡状的星系

也许称作“设计论证”更好些，但这并不重要。让我们更深入地思考一下这个问题。此论证的前提o为一个陈述，大致的意思是说宇宙是按一定顺序组合起来的。结论g则断言存在一个宇宙创造者——神。除非g正确，否则o是最不可能的事；因此，该论证进一步推理可得：倘若o正确，则g是有可能的。

我们知道，肯定为真的是，o在g为真时的条件概率大大高于g为假时的概率，即：

1. $pr(o \mid g) > pr(o \mid \neg g)$

但这并不是我们想要的结果。因为，要让o成为g的一个很好的归纳理由，我们得让g在o条件下的概率大于它的否定式的概率，即：

2. $pr(g \mid o) > pr(\neg g \mid o)$

$pr(o \mid g)$ 所表示的概率很高并不意味着$pr(g \mid o)$ 也很高。比如，假设你在野地里看见了一只袋鼠，那么你身处澳大利亚的概率就很高。（在其他地方看到的话，只能是从动物园里跑出来的。）但是，假如你身处澳大利亚，你在野地里看见一只袋鼠的概率就很低。（我在澳大利亚居住了十年才看见过一次。）

$pr(o \mid g)$ 和$pr(g \mid o)$ 被称为一组**逆概率**，刚才我们的所见表明，要让设计论证起作用，逆概率之间的关系必然是不等式2而不是不等式1所表示的。是不是这样呢？实际上，在逆概率之间存在着一种非常简单的关系。还记得前一章所讲的条件概率CP等式吧，根据定义我们知道：

$$pr(a \mid b) = pr(a \,\&\, b)/pr(b)$$

因此，我们可得到：

3. $pr(a \mid b) \times pr(b) = pr(a \,\&\, b)$

类似地，我们知道：

$$pr(b \mid a)=pr(b \,\&\, a)/pr(a)$$

因此，可得到以下等式：

$$4.\ pr(b \mid a)\times pr(a)=pr(b \,\&\, a)$$

但是pr（a & b）= pr（b & a）（因为a & b和b & a为真时的情形完全相同）。因此，由等式3和4可得到：

$$pr(a \mid b)\times pr(b)=pr(b \mid a)\times pr(a)$$

假设pr（b）不为0——下面我都作了这样的假设，不再一一说明——我们由上面的等式得到：

$$\textbf{Inv}:\ pr(a \mid b)=pr(b \mid a)\times pr(a)/pr(b)$$

这就是逆概率之间的关系。（等式的右边先是一个b后面跟着一个a；然后是一个a后面跟着一个b。）

用逆概率等式替换不等式1的两边，我们可得到：

$$pr(g \mid o)\times\frac{pr(o)}{pr(g)}>pr(\neg g \mid o)\times\frac{pr(o)}{pr(\neg g)}$$

消去不等式两边的pr（o），我们可得到：

$$\frac{pr(g \mid o)}{pr(g)} > \frac{pr(\neg g \mid o)}{pr(\neg g)}$$

或者再调整不等式的两边，我们可得到：

$$5.\ \frac{pr(g \mid o)}{pr(\neg g \mid o)} > \frac{pr(g)}{pr(\neg g)}$$

还记得吧，要让设计论证起作用，我们得采用不等式2，由之可得到：

$$\frac{pr(g \mid o)}{pr(\neg g \mid o)} > 1$$

再由不等式5可知，我们只能得到$\frac{pr(g)}{pr(\neg g)} \geqslant 1$，即：

$$pr(g) \geqslant pr(\neg g)$$

pr（g）和pr（¬g）的值被称作**先验概率**；也就是说，g和¬g的概率先于任何证明（比如o）的应用。因此，要是本论证切实可行的话，我们需要让存在神灵的先验概率大于（或等于）不存在神灵的先验概率。

就是这样吗？很不幸的是，没有理由这样认为。实际上，似乎情况正好相反。假设你不知道今天是星期几。我们用m来表示今天是星期一，那么¬m则表示今天不是星期一。哪个可能性更大？ m还是¬m？肯定是¬m，因为今天不是星期一的情形更多。（今天可能是星期二、星期三、星期四……）关于神灵的推理也是同样。令人信服的是，宇宙本来就可以有许多不同的构成方式，从直觉上看，不太可能是按照非常有序的方式形成的：有序是**特别**的设计。这终究给了“设计论证”有力的回击。不过这样的话，存在一个**秩序制定者**的宇宙的可能性就相对很小了。因此，从先验角度看，不存在宇宙创造者的可能性要比存在的可能性大得多。

所以，我们的讨论表明，“设计论证”是不成立的。该论证具有诱导性，因为人们经常把概率和与之对应的逆概率混淆，因而回避了论证的核心部分。

许多归纳论证都需要我们对逆概率进行推理。在这方面，“设计论证”并不是一个特例。不过，许多论证在利用逆概率进行推理时更为成功。请让我举例加以说明。假设你去当地的轮盘赌娱乐场。那里有两个转轮，我们称之为A和B。你的一个朋友告诉你，其中一个转轮的转序是固定的——尽管这个朋友不能告诉你是哪一个。一个公平的转轮应该一半时间是红色，一半时间是黑色，而该转轮为红色的概率为3/4，为黑色的概率为1/4。（严格地说，真正的转轮偶尔也会出现绿色；但为了简化，我们就不考虑这个事实了。）现在，假设你观察其中的一个转轮，比如说A，连续转五圈，有以下结果：

R,R,R,R,B

（R表示红色，B表示黑色）。你是否有充足的理由推理认为这就是那个转序固定的转轮呢？换言之，我们用c来表示出现了这样特殊的顺序，并用f来表示转轮A的转序固定。由c推理得到f是一个很好的归纳推理吗？

我们需要知道不等式pr（f ｜ c）＞pr（¬f ｜ c）是否成立。使用逆概率等式把这个不等式转换成逆概率之间的关系式：

$$pr(c \mid f) \times \frac{pr(f)}{pr(c)} > pr(c \mid \neg f) \times \frac{pr(\neg f)}{pr(c)}$$

将不等式两边都乘以pr（c），可得到：

$$pr(c \mid f) \times pr(f) > pr(c \mid \neg f) \times pr(\neg f)$$

这个不等式正确吗？首先一个问题是，f和¬f的先验概率是多少？我们知道，要么A要么B的转序是固定的（但不会两个同时固定）。我们没有理由认为，更可能是A而不是B，或者更可能是B而不是A。因此，是A的概率为1/2；同时，是B的概率也是1/2。换言之，pr（f）=1/2，且pr（¬f）=1/2。因此，我们可以把这两个概率同时从不等式的两边消去，这样，相关条件就变成了：

$$pr(c \mid f) > pr(c \mid \neg f)$$

假设转轮转序固定的情况就像所描述的那样，观察到命题c

所陈述的转序的概率，即pr（c ｜ f）的值为（3/4）^{4}×（1/4）。（如果你不知道这其中的原因也不要紧：你就相信我的推算吧。）这个值也就是$81/4^5$，经计算得到0.079。假设转轮转序不固定，那么能观察到相关转序的概率，即pr（c ｜ ¬f）的值为（1/2）^{5}（还是请相信我的推算），经计算可得到0.031。这个值小于0.079。因此，这个推理是有效的。

我们这里计算先验概率的方法值得注意。有两种可能性：要么转轮A的转序是固定的，要么转轮B的转序是固定的。我们没有可用以区分这两种可能性的信息。因此，我们赋予它们相同的概率。这是一种被称为**中立法则**的应用。该法则认为，当我们有许多可能性且它们之间没有相关的差异时，它们全都具有相同的概率。因此，如果存在N种可能性，那么每一种可能性的概率就为1/N。中立法则是**对称**原理的一种。

请注意，我们不能把该法则应用到“构思论证”上。在转轮赌例证中，有两个完全对称的可能情形：要么转轮A的转序是固定的，要么转轮B的转序是固定的。在“设计论证”中，有两种情形：要么存在一个为宇宙创造者的神，要么不存在一个为宇宙创造者的神。但是这两种情形的对称性还不如“今天是星期一”和“今天不是星期一”的对称性高。如我们前面所见，仅凭直觉来看，不存在宇宙创造者的可能性要远远大于存在的可能性。

中立法则是对概率进行直觉推理的一个重要部分。我们在结束本章讨论时要注意到，应用中立法则时并非毫无问题。众所周知，某些应用会产生悖论。以下就是其中的一个。

假设一辆汽车在中午时离开昆士兰州首府布里斯班去300公里以外的某个城市。汽车的平均时速保持在50公里/小时至100公里/小时。那么到达时间的概率又是怎样的呢？如果它以100公里/小时的速度行进的话，就会在下午三点钟到达；如果它以50公里/小时的速度行进的话，就会在下午六点钟到达。因此，它会在三点到六点之间到达。这两个时间的中间点为下午四点半。因此，根据中立法则，汽车在四点半以前到达的概率和四点半以后到达的概率一样大。但是，现在的问题是，50公里/小时与100公里/小时的中间时速为75公里/小时。因此，还是根据中立法则，汽车以75公里/小时以上的速度行驶的概率和以75公里/小时以下速度行驶的概率一样大。如果它以75公里/小时的速度行驶，它就会在下午四点到达。因此，它在下午四点以前和四点以后到达的概率一样大。尤其是，一旦如此，下午四点半以前到达的概率**更大**。（这样会多出半个小时。）

请读者自己考虑这个问题吧。我们在一章之内讨论这么多的概率问题已经足够了！

本章要点

- $pr(a \mid b) = pr(b \mid a) \times \frac{pr(a)}{pr(b)}$
- 假如许多可能性之间没有相关的差异，那么它们都具有相同的概率（中立法则）。

第十三章

决策论：很高的期望值

我们最后再来看一个有关归纳推理的问题。这个问题有时被称作**实践推理**，因为它是关于人们如何行动的推理。下面是一个非常著名的实践推理。

你可选择相信（一个基督教的）上帝的存在，也可选择不相信。我们假设你选择了相信。要么存在上帝，要么不存在。如果存在上帝，一切都好说。如果不存在，那么你的信仰就会带给你小小的不便：这意味着你浪费了一些时间去教堂做礼拜，而且也许做了其他许多本来不想做的事；但是所有这些都不是灾难性的。那么，我们现在反过来假设你选择不相信上帝的存在。同样，要么存在上帝，要么不存在。如果上帝不存在，一切都好说。但是，如果确实存在上帝，那你就麻烦了！你死后会遭许多罪；如果得不到宽恕的话，你也许会永世不得翻身。因此，任何聪明人都应该相信上帝的存在。这是唯一谨慎的行为。

为了纪念第一个提出此论证的17世纪哲学家布莱斯·帕斯卡[①]，人们现在通常把这一论证叫作**帕斯卡赌注**。对于这个赌注，

① 布莱斯·帕斯卡（1623—1662）：法国哲学家和数学家。他的成就包括发明了一种加法机和发展了现代概率理论。

人们又有什么要说的呢？

我们来思考一下这类推理是如何展开的，我们先举一个不那么有争议的例子。当我们行动时，往往不能确定最后的结果，这种结果也许超出了我们的掌控。但是我们通常能估计出不同可能的结果有多大的可能性；而且同样重要的是，我们能估计出各种不同的结果对我们的**价值**。按照惯例，我们可以通过向一种结果赋予以下等差数列中的一个数字来测算其价值，这个等差数列在两个方向上都是无限的：

$$\cdots\cdots -4, -3, -2, -1, 0, +1, +2, +3, +4 \cdots\cdots$$

正数表示好，越往右越好。负数表示差，越往左越差。0是中立点：我们不倾向于任何一方。

现在，假设我们要开始某种行动，比如说去骑自行车。然而，天也许会下雨。不下雨的话，骑自行车是件很令人高兴的事，因此我们会给它赋予一个正数，比如说+10。但是，要是下雨的话，骑自行车会是件相当痛苦的事，因此我们会给它赋予一个负数，比如说−5。我们应给我们唯一能够控制的事情——骑自行车赋予什么样的值呢？我们可能只是把两个数字−5和+10加在一起，但那样的话就会遗漏掉非常重要的部分。也许下雨的可能性最低，因此，尽管可能下雨是不好的，但我们并不给这种可能性赋予很大的权重。假设下雨的概率为0.1；相应地，不下雨的概率为0.9。那么，我们可以把具有相应概率的值进行加权，以得到总值：

$$0.1\times(-5)+0.9\times10$$

这个算术式的结果为8.5，即骑自行车行为的**期望值**。（“期望值”在这里是个专业术语，它实际上与该词通常所表示的意义没有多少关系。）

我们用a来表示我们实施某种行为。为了简化起见，我们假设有两种可能的结果。我们用o_1来表示一种可能，用o_2来表示另一种可能。最后，我们用V（o）来表示o为真时我们赋予它的值。那么，a的期望值E（a）就是以下算式所决定的数字：

$$pr(o_1)\times V(o_1)+pr(o_2)\times V(o_2)$$

（严格地说，这里的概率应该是条件概率$pr(o_1 \mid a)$和$pr(o_2 \mid a)$。但在上例中，骑自行车对下雨的概率没有任何影响。在下面所谈到的例子中，情况也是如此。因此，我们在这里能够坚持使用简单的先验概率。）

到目前为止一切都还顺利。但是这是如何帮助我决定是否去骑自行车的呢？我知道骑自行车的总体价值。如我们刚才所见，它的期望值为8.5。不骑自行车的期望值又是多少呢？要么下雨，要么不下雨——我们还是假设它们具有前文提到的概率。现在的两种结果为：1）天会下雨，我待在家里；2）天不会下雨，我待在家里。不管在哪一种情况下，我都得不到骑自行车的乐趣。如果不下雨，心情会更糟糕。那样的话，我也许会对自己没有去骑自行车而感到懊恼。但是，这两种情况都不会像被淋得湿透了那样糟糕。因此，如果下雨的话，期望值也许就是0；而不下雨的话，期望值就为−1。现在，我可以计算出待在家里的期望值：

$$0.1\times0+0.9\times(-1)$$

经计算可得到结果为−0.9，这就给了我所需要的信息；我应该选择那个具有最高总值（即期望值）的行动。这样的话，骑自行车的期望值为8.5，而待在家里的期望值为−0.9。因此，我应该去骑自行车。

因此，假设要在命题a和¬a之间进行选择的话，我会选择期望值更高的那一个命题。（如果它们的概率相同，我就只能任意选取一个，比如说通过抛硬币来进行选择。）在前面的例子中，只有两种可能性。一般来说，也许有更多的可能性（比如说，骑自行车、看电影和待在家中）。但其中的原则却是一样的：我计算每种可能性的期望值，并选择期望值最高的那一种可能。这种推理是逻辑学的一个分支——**决策论**的一个简单例子。

现在，我们再回到帕斯卡赌注的讨论上。在这个例证中，有两个可能的行为：相信或者不相信；并且存在两个相关的可能性：上帝存在或者不存在。我们可以用下表来描述相关的信息。

	上帝存在	上帝不存在
我相信（b）	0.1\+10^2	0.9\−10
我不相信（¬b）	0.1\−10^6	0.9\+10^2

斜线左边的数字是相关概率，比如说，存在上帝的概率为0.1，不存在上帝的概率为0.9。（我是否相信对于是否存在上帝没有什么影响，因此表中两行中的概率是相同的。）斜线右边的数字是相关值。我不太关心上帝是否存在，重要的是我要让它正确；因此，这两种情况下的值为+10^2。（也许人们的偏好不会完全相同，但我们将会看到这没有多大关系。）如果上帝不存在却相信上帝的存在，就会有小小的不方便，因此赋予−10的数值。如果上帝存在却不相信他的存在，那确实就很糟糕了。我赋予它的值为−10^6。

有了这些值之后，我们就能计算相关的期望值了：

$$E(b)=0.1\times10^2+0.9\times(-10)\backsimeq0$$

$$E(\neg b)=0.1\times(-10^6)+0.9\times10^2\backsimeq-10^5$$

（≌表示“约等于”。）我应该选择期望值更大的行为，就是相信上帝的存在。

你也许认为我所选择的精确值有点不那么真实，它们确实如此。不过，实际上，精确值没有多大用处。重要的是−10^6这个值。这个数字意味着某种特别糟糕的事情。（有时，一个决策论主义者也许会把这一数字写成$-\infty$。）它表示的情况非常糟糕，以至于上帝存在的概率即使非常低，它也会把其他所有数字掩盖。这就是帕斯卡赌注中的效力。

表面上看，赌注论也许很有说服力，但事实上，它犯了一个简单的决策论上的错误。它忽略了一些相关的可能性。不仅有可能存在一个神，而且有可能存在许多个：一个基督教的神（上帝）、伊斯兰教的真主安拉、印度教的婆罗门，以及其他许多小宗教所信仰的神。这些神当中有很多是嫉妒心很强的。如果上帝是存在的，而你却不信仰他，那么你就会有麻烦了；但是如果安拉存在而你又不信仰他，你同样也会有麻烦……而且，如果上帝是存在的，而你却信仰安拉——或者反过来——这会更糟糕。因为不管是在基督教还是在伊斯兰教当中，信仰错误的神要比什么都不信仰更让神难以容忍。

我们把更现实的信息列于下表：

	上帝不存在	上帝存在	安拉存在	…
没有信仰（n）	$0.9\backslash+10^2$	$0.01\backslash-10^6$	$0.01\backslash-10^6$	…
信仰上帝（g）	$0.9\backslash-10$	$0.01\backslash+10^2$	$0.01\backslash-10^9$	…
信仰安拉（a）	$0.9\backslash-10$	$0.01\backslash-10^9$	$0.01\backslash+10^2$	…
⋮	⋮	⋮	⋮	

如果用这些有限的信息来计算期望值的话，我们可以得到：

$$E(n)=0.9\times10^2+0.01\times(-10^6)+0.01\times(-10^6)\backsimeq-2\times10^4$$

$$E(g)=0.9\times(-10)+0.01\times10^2+0.01\times(-10^9)\backsimeq-10^7$$

$$E(a)=0.9\times(-10)+0.01\times(-10^9)+0.01\times 10^2\backsimeq -10^7$$

现在看起来，情况相当令人沮丧。但很明显的是，信仰神灵有很大风险。

与其他各章一样，在结束本章讨论时，我要说说人们为何会担心所使用的整体框架——特别是刚才讨论的根据最大期望值进行决策的策略。在很多情形下，这的确会产生错误的结果。

我们假设你在帕斯卡赌注上下错了赌注，结果到了地狱。几天之后，魔鬼出现了，要给你一个机会。上帝下了命令，说你会得到某种宽恕。因此，魔鬼想出了一个方案。他会给你一个机会逃离地狱。你可以抛硬币；如果硬币落地后为正面，你就可以走出地狱，去往天堂。如果硬币落地后为反面，你就会永远待在地狱。不过，抛硬币并不是一个公平的方法，魔鬼控制着其中的概率。如果你今天抛硬币的话，正面的概率为1/2（即1−1/2）。如果你等到明天抛的话，概率会上升到3/4（即$1-1/2^2$）。你可以把信息列在下表：

	逃离地狱	**待在地狱**
今天抛硬币（d）	$0.5\backslash+10^6$	$0.5\backslash-10^6$
明天抛硬币（m）	$0.75\backslash+10^6$	$0.25\backslash-10^6$

逃离地狱具有很大的正值，待在地狱具有很大的负值。而且，这些值不管是在今天还是在明天都是一样大。如果你等到明天抛的话，你也许就得在地狱里多待上一天，这是千真万确的；不过，这一天的时间与后面无穷无尽的日子相比可以忽略不计。于

是你进行了下面的计算：

$$E(d)=0.5\times10^6+0.5\times(-10^6)=0$$
$$E(m)=0.75\times10^6+0.25\times(-10^6)=0.5\times10^6$$

因此，你决定等到明天才抛硬币。

但是，明天魔鬼又来了，说如果你再等上一天，概率会更高：逃离地狱的概率会上升到7/8（即$1-1/2^3$）。请读者自己进行相关的运算吧。于是你应该再等一天。问题是，每天魔鬼都来，说如果你再多等一天，概率就会更大。日复一日，概率越变越大：

$$1-1/2, 1-1/2^2, 1-1/2^3, 1-1/2^4\cdots\cdots1-1/2^n\cdots\cdots$$

你每天都进行计算。等到第n天，你抛硬币的期望值就变成了：

$$(1-1/2^n)\times10^6+1/2^n\times(-10^6)$$

稍有点算术知识的话，我们就可算出，这等于$10^6\times(1-2/2^n)=10^6\times(1-1/2^{n-1})$。n+1天的期望值也是这样计算的，只要用n+1来替换n就可以了。最后得到$10^6\times(1-1/2^n)$，结果还要更大些。（$1/2^n$要比$1/2^{n-1}$更小。）每过一天，期望值就会更大。

于是，你每天都理性地进行推理计算，因而决定等到明天再抛。结果你永远都没有抛硬币，因而你永远待在了地狱！不管在

图 13　一个魔鬼的方案：永远不要做你应该推迟到明天才做的事情

哪一天抛硬币都会比这要好得多。因此，你要做的唯一理性的事情似乎就是不再理性！

> **本章要点**
>
> - $E(a) = pr(o_1) \times V(o_1) + \cdots\cdots + pr(o_n) \times V(o_n)$，其中 $o_1 \cdots\cdots o_n$ 表示 a 为真时所有可能的结果。
> - 理性行为就是实践具有最大期望值的行为。

第十四章

逻辑学史简述与进一步的阅读建议

我们在本书中所讨论的这些思想是在历史上不同时期和不同地区发展而来的。在本章中，我将简要地描述一下逻辑学史，并确定这些思想的历史背景。我将首先从总体上简要地描述一下逻辑学史的轮廓；然后我再逐章进行勾勒，解释一下这些细节是如何被纳入更大的历史背景之中的。

在阐述过程中，我会给一些进一步阅读的建议，这样你可以就想研究的问题进行深入地探究。这可不像想象中那样简单。总的来说，逻辑学家、哲学家和数学家喜欢为彼此写文章。所以，要找到为初学者写的文章就不那么容易了，不过我已尽了最大努力。

在西方思想史中，逻辑学发展共有三大时期，就像三明治那样，其间夹杂了一些相当荒芜的时期。第一个时期是公元前400年至前200年的古希腊。这一时期最有影响力的人物为亚里士多德（公元前384—前322），我们在第六章里已经提到过他。亚里士多德提出了一种叫作“三段论”的系统推理理论，这种推理的形式如下：

所有［一些］A是［不是］B。

所有[一些]B是[不是]C。

因此,所有[一些]A是[不是]C。

亚里士多德一生中的大部分时间都生活在雅典,他建立了一个叫作"学园派"的哲学流派,通常被认为是逻辑学的创始人。但是,几乎就在同一时期,在雅典以西50公里的迈加拉,出现了另一个非常盛行的哲学流派。关于迈加拉的逻辑学家,我们所知甚少,但是他们似乎对条件句特别感兴趣,对逻辑悖论也饶有兴趣。欧布里德(我们在第五章和第十章中提到过)就是迈加拉的一位逻辑学家。大约在公元前300年,在雅典兴起了另一个非常重要的哲学运动。这个运动被称为斯多葛学派,因该学派早期讲学集会的地方——走廊(希腊语对应词为stoa)而得名。尽管斯多葛学派关注的哲学论题远不止于逻辑学,但逻辑学是其中一个重要的论题。人们一般认为,迈加拉的逻辑学对斯多葛学派的逻辑学家产生过重要的影响。不管怎样,斯多葛学派的逻辑学家关注的一个重要方面就是研究否定、合取、析取和条件句的特性。

这里需要提到的是,在古希腊出现这些逻辑学流派时,几乎同时在印度出现了主要由佛教逻辑学家提出的许多逻辑学理论。尽管这些理论很重要,但当时它们还没有达到西方逻辑学已具备的缜密程度。

西方逻辑学的第二个发展时期是从12世纪到14世纪,在中世纪的欧洲大学,比如巴黎大学和牛津大学里繁荣起来。中世纪著名的逻辑学家包括邓斯·司各特(1266—1308)和奥康的威廉

（1285—1349），他们继承并大大发展了古希腊的逻辑学思想，使之趋于系统化。在这个阶段之后，逻辑学在19世纪下半叶之前都停滞不前，其间唯一闪耀的逻辑学家就是我们在第六章和第九章里提到的莱布尼茨（1646—1716）。莱布尼茨预见了当代逻辑的某些发展，但是他那个时期的数学滞后，无法使他的思想受到欢迎。

19世纪抽象代数的发展为逻辑学的发展奠定了基础，并促生了逻辑学的第三个发展期，或许是三个发展阶段中最伟大的一个。非常新颖的逻辑学观点由弗雷格（1848—1925）和罗素（1872—1970）这样的思想家提了出来；我们分别在第二章和第四章里提到过这两个人。在这一成果之上发展的逻辑学理论通常被称作**现代逻辑学**，这是与先前的**传统逻辑学**相对而言的。整个20世纪，逻辑学都在飞快地发展着，而且没有减慢的迹象。

一段标准的逻辑学史是由尼尔夫妇在1975年编著出版的。该书有点陈旧了，它与其说是公正不如说是乐观地认为，早期的现代逻辑学家已经把所有的逻辑论证都论证完了。不过，它仍不失为一本很好的参考书。

* * *

第一章：演绎和归纳效度的区分可追溯到亚里士多德。演绎效度的各种理论从那时候就开始为人们所谈论。第一章所描述的观点——只要结论在其前提为真的任何情形下也为真，那么这个推理就具有演绎效度——可以追溯到中世纪的逻辑学。尽管这一点还存在争议，但是对推理的表述却是现代逻辑学的一个核心成分。请注意：我所说的**情形**更为普遍的说法为**说明或体系**，有时也称作**模型**。"情形"这个词在逻辑学的各个领域内有着不同的意义。刘易斯·卡罗尔（真名是查理·道奇森）本人绝不是逻辑学家，却出版了许多关于传统逻辑学的著作。

第二章：相互对立状态在任何事物中都存在的论点是中世纪哲学的一个发明创造。具体是由谁提出的不甚清楚，但是可以肯定的是，这个术语出现在了司各特的论著中。用真值函数来理解否定、合取和析取的做法似乎也源于中世纪。（斯多葛学派的描述并非现代意义上的真值函数。）完全清楚明了的表达形式是在弗雷格和罗素的著作中首次出现的。对此持不同意见的人是斯特劳森（1952，第三章）。

第三章：对名称和量词的区分主要是现代逻辑学的一个创造。实际上，量词分析经常被看作是现代逻辑学成形的开始。它是由弗雷格提出，由罗素发展的一个概念。几乎与此同时，美国的哲学家和逻辑学家C.S.皮尔斯提出了一个类似的观点。∃x常被称作存在量词，但这个术语盗用了颇有争议的**存在**理论。刘易斯·卡罗尔写爱丽丝的作品里充满了哲学笑话。要想看看对这些笑话的精彩评论，请参见黑斯（1974）。要想了解黑斯本人所说的关于不存在事物的笑话，请参见黑斯（1967）。

第一章至第三章中所解释的理论在任何标准的现代逻辑学文本中都可以找到。霍奇斯（1977）的定位就不是那么高不可攀了，莱蒙（1977）也同样如此。

第四章：把摹状词作为重要的逻辑范畴孤立地考察也只有在

现代逻辑学里才能找到。对摹状词所做的分析中，最著名的也许是罗素在1905年的分析。本章所采用的分析并不是罗素的，不过它们在本质上很接近。在一些（但不是全部）标准的现代逻辑学文本中会讨论到摹状词。霍奇斯（1977）对摹状词进行了清楚的解释。

第五章：骗子悖论的各种版本都能在古希腊的哲学中找到。更多的自我指代悖论在中世纪逻辑学中不断地被提出和讨论。更多的悖论在20世纪末被人们发现——这次是在数学最核心的部分。自那以后，它们成了逻辑学的中心议题。解答这些悖论的建议不计其数。也许存在一些既不正确也不错误的句子，这一观点可追溯到亚里士多德（《解释篇》，第九章）；不过，他本可以不必赞同一些句子也许既正确又错误的均衡观。最近40年来，一些逻辑学家提出的一种正统观点认为，也许存在这样的句子，且悖论句也许就是其中的一种。对自我指代悖论的讨论变得越来越专业，越来越激烈。相关介绍性的讨论请参阅里德（1994，第六章）和塞恩斯伯里（1995，第五、第六章）。这个领域里仍然存在着很大的争议。

第六章：对涉及模态算子的推理进行研究最早也要追溯到亚里士多德，中世纪的逻辑学家继续对此进行研究。现代逻辑学对模态算子的研究始于美国哲学家C. I. 刘易斯在1915年至1930年间所开展的研究。可能世界这一概念由莱布尼茨首次使用；不过，本章使用这一概念的方法主要归功于另一位美国哲学家索尔·克里普克，他在20世纪60年代创立了这一思想。对这一领域进行标准化介绍的是休斯和克莱斯威尔（1996）；但是在你读懂一本更标准的逻辑学入门读物之前，你对这一领域不可能有太多的掌握。亚里士多德的宿命论论证来源于《解释篇》第九章。他认为宿命论的论证是不合逻辑的——但不是因为本章中所给出的那些理由。您可以参考哈克（1974，第三章），以找到对这一论证容易理解的讨论。本章结尾时所使用的那个论证就是迈加拉逻辑学家迪奥多拉斯·克罗诺斯所提出的"大师论证"的一个版本。

第七章：对条件句性质的争论要追溯到迈加拉学派和斯多葛学派，他们提出了许多不同的理论。这一问题在中世纪也得到了广泛的讨论。条件句是真值函数的想法是迈加拉学派的一个观点。这一观点得到了现代逻辑学的开拓者弗雷格和罗素的认可。本章所给出的解释在中世纪逻辑学中肯定也可以找得到；在现代逻辑学中，要归功于C. I. 刘易斯，他发展了模态逻辑学。会话含义这一概念要归功于20世纪70年代的英国哲学家保罗·格赖斯（尽管他是为了为推论条件句辩护才使用这一术语的）。条件句的本质现在仍然存在很大的争议。里德的书（1994，第三章）是一本可读易懂的导论，桑福德（1989）的第一部分也是如此。

第八章：中世纪许多逻辑学家都对时间推理进行了讨论。本章所采用的方法主要是由新英格兰逻辑学家阿瑟·普赖尔在20世纪60年代受模态逻辑学的启发而创立的。奥尔斯特劳姆和哈斯利（1995）对这个主题做过简单易懂的叙述。麦克塔格特的论证最初是在1908年提出的，不过他的表述与我的稍有不同。我的表述遵循了梅勒（1981，第七章）的说法。

第九章：对**身份**和**述谓**的区分可以追溯到古希腊哲学中的柏拉图（亚里士多德的老师）。我在这里提到的对身份最早的阐述是不可靠的。可以用同等的事物来替代的想法在欧几里得（公元前300年）的著作里就已经出现了。您可以在奥康的书中找到类似于本章的阐述，当然在莱布尼茨的著作里也能找到这样的阐述。在弗雷格的著作和罗素的著作里都有现代逻辑学对这个主题的阐述。还有许多文本用最标准的现代逻辑学对此进行了表述，比如霍奇斯（1977）和莱蒙（1971）。关于身份的未解之谜，在哲学里也大量地存在着。据我所知，在本章结尾时提到的那个迷惑是由普赖尔提出的。

第十章：连锁推理问题可追溯到迈加拉派的逻辑学。本章开头所提到的那个问题类似于“提修斯之舟”，该船在想象中被重新建造（一块木板接着一块木板）。就我所知，这个例子最早在17世纪英国哲学家霍布斯的《哲学原理》第一部分《论物体》中使用过。过去30年来哲学家对这类问题进行了广泛的研究。本章中所描述的逻辑讨论细节最初是由波兰逻辑学家武卡谢维奇在20世纪20年代提出的，完全摆脱了对模糊性的担忧。（他从一开始就受到了亚里士多德论证宿命论的启发。）您可以阅读里德（1994，第七章）和塞恩斯伯里（1995，第二章），这两章都对模糊性进行了很出色的讨论。一部更长的介绍便是威廉森的著作（1994）了。

第十一章：从历史的角度来看，与演绎效度研究相比而言，归纳效度研究发展得很不充分。概率论是18世纪才发展起来的，与机会对策一样，主要由说法语的数学家推动，比如皮埃尔·德·拉普拉斯以及伯努利家族的成员。把概率应用到归纳推理上主要归功于20世纪50年代的德裔逻辑学家鲁道夫·卡尔纳普。概率有许多概念。本章所介绍的这个概念通常被称作**频率论**。对这一领域进行全面介绍的当数斯卡姆斯（1975）。

第十二章：对逆概率间相互关系的研究可追溯到18世纪的英国数学家托马斯·贝叶斯。本章所提到的这种关系常常被（不正确地）称作贝叶斯定理。与中立法则有关的问题也可追溯到概率论创立之初。对这类推理进行标准化介绍的是豪森和乌尔巴赫（1989）；不过，这本书不适合那些数学基础薄弱的人。

第十三章：决策论也根源于18世纪对概率论的研究，但在20世纪却成了热点，在经济学和博弈论中有许多重要的应用。对这个理论进行出色介绍的要数杰弗里（1985），不过，他的介绍也不适合那些数学基础薄弱的人。本章结尾部分提出的那个问题来自格雷斯里（1988）。

我们在本书中提到的许多论证都以某种方式关乎上帝。这并不是因为上帝是个特别的逻辑话题，而是因为哲学家用了很长时间才提出了一个关于上帝的非常有趣的论证。在第三章中，我们谈到了宇宙哲学论。也许最著名的版本是由中世纪的哲学家托马斯·阿奎那提出的。（他的版本要比第三章提到的论证复杂得多，因此没有受到第三章所说的那些问题的困扰。）证明上帝存在的本体论是由中世纪哲学家，坎特伯雷大主教安塞尔姆提出来的。第四章中提到的版本基本上与17世纪哲学家勒内·笛卡尔在《第五次沉思》中阐述的一样。“设计论证”的生物学版本在19世纪很盛行，但其势头后来被“进化论”破坏了。第十二章中提到的这类宇宙哲学论在20世纪非常受欢迎。关于上帝存在的各种论证，请参阅希克（1964）。

* * *

当然，逻辑学史的很多细节在上文都没有提到。同样，有很多逻辑内容在本书中根本就没有谈到。我们只不过像是在逻辑学的表面上溜冰而已。逻辑学的深奥和美妙之处是无法在这样的一本小书中表达出来的。不过，历史上许多伟大的逻辑学家都是因为对本书中所讨论的问题产生了兴趣而从事逻辑学研究的。如果这些问题也让你加入逻辑学的研究中来，那么我也别无所求了。

术语与符号表

以下术语表包含了本书中所使用的专业术语以及逻辑符号。我们不打算为各个词条提供精确的定义，而是希望表达出主要意思，供快速参考。尽管还存在其他几组常用的符号，但总体来说，这里使用的术语和符号也都是相当标准的。

前件：在条件句中，"如果"后面的那一部分句子内容。

结论：在推理中，为推理叙述原因的那一部分。

条件句：如果……那么……

条件概率：在其他某种信息存在的情况下，某个陈述的概率。

合取命题：……和……

合取项：一个合取命题中的两个句子。

后件：在条件句中，"那么"后面的那一部分句子内容。

会话含义：不是根据所说的内容而是根据说话的事实进行的推理。

决策论：在信息不确定的情况下如何做好决策的理论。

演绎效度：如果一个推理的前提为真，结论肯定也为真时，那么该推理就具有演绎效度。

（限定）摹状词：一种具有“如此如此特性之物”形式的名称。

析取命题：要么……要么……

析取项：一个析取命题中的两个句子。

期望值：把每一种可能的结果都考虑在内，并用每个可能结果的值乘以它的概率，然后再相加，最后得出的结果。

模糊逻辑学：逻辑学的一个分支，其所研究的句子都采用0到1之间的任何数字为其真值。

归纳效度：如果一个推理的前提为其结论提供了某种合理的理由，尽管未必是一个确实的理由，那么这个推理就具有归纳效度。

推理：把前提作为结论的理由而陈述的一种推断。

逆概率：在条件b下a的条件概率与在条件a下b的条件概率之间的关系。

表示身份的“是”：……与……是相同的对象（事物）。

表示述谓的“是”：谓语的一部分，表明对谓语其他部分所表现出的特性的应用。

莱布尼茨定律：如果两个事物完全一样，那么一个事物的任何一个特性也是另一个事物的一个特性。

骗子悖论：“这个句子是假的”。

推论条件句：不是两者都（……和……不……）。

模态算子：附加到一个句子上以构成另一个句子的短语，表示第一个句子为真或为假（可能、必然等）。

现代逻辑学：19和20世纪之交，由逻辑学革命而产生的逻辑学理论和方法。

假言推理：由前件到后件的推理形式：a→c/c。

名称：指代一个事物（完整无缺）的一个单词的语法范畴。

必然性：情况必然是……

否定：情况不是……

特称量词：某物是……的。

可能性：情况也许是……

可能世界：与另一个s情形相关的情形，在s情形下仅仅是可能的事情在此情形下却确实如此。

谓语：就语法上最简单的句子而言，谓语指的是对句子主题进行表述的那一部分内容。

前提：推理中，阐述原因的那个部分。

中立法则：如果有许多可能性，且它们之间没有显著差异，那么它们都具有相同的概率。

先验概率：在考虑任何证据之前某个陈述的概率。

概率：测算某事物可能性大小的一个数字，在0至1之间。

专有名称：一个非摹状词的名称。

量词：可能是一个句子的主语但不指代事物的一个单词或短语。

基准组类：用来计算概率比的那组对象（事物）。

罗素悖论：涉及所有不是自身成员的集合的集合。

自我指代：一个句子——它所谈的情形就是对句子本身的证明。

情形：（也许是假想的）一种事物状态，前提和结论在此状态下也许是正确的，也许是错误的。

连锁推理悖论：一种反复应用模糊谓语的悖论。

主语：就语法上最简单的句子而言，主语指的是表达句子是关于什么的那个部分。

三段论：一种有两个前提、一个结论的推理形式，由亚里士多德首创。

时态：过去、现在或者未来。

时态算子：附加到一个句子上以构成另一个句子的短语，表示第一个句子（在过去或未来）是正确或者错误的。

传统逻辑学：指在20世纪之前所使用的逻辑学理论和方法。

真值条件：那些阐述一个命题的真值是如何依赖命题组成部分的真值的命题。

真值函数：一种逻辑符号，将它与几个命题结合可构成更为复杂的命题，所构成的复合命题的真值完全取决于其成员命题的真值。

真值表：一个描述真值条件的图表。

真值：真（T）或假（F）。

全称量词：每个事物都具有……特性。

模糊性：谓语的一种特性，它表明一个事物发生微小的变化对谓语的适用性不会产生影响。

有效：用于指一个推理的前提确实为其结论提供了某种理由。

符号	意义	名称
T	（在某一情形下是）真的	真值
F	（在某一情形下是）假的	
∨	要么……要么……	析取（命题）
&	……和……	合取（命题）
¬	并非……	否定（命题）
∃x	某个事物x，x具有……特性	特称量词
∀x	每个事物x，x具有……特性	全称量词
ιx	某个事物x，它……	摹状词算子
□	情况必然是……	模态算子
◇	情况也许是……	
→	如果……那么……	条件句
⊃	不是两者都（……和……不）	推论条件句
P	过去曾是……	时态算子
F	将来是……	
H	过去一直是……	
G	将来一直是……	
=	……与……是相同的事物	身份
<	……小于……	
⩽	……小于或等于……	
| ... |	……的真值的绝对值	
Max	……与……中较大的	
Min	……与……中较小的	

pr	……的概率	
pr（... ｜ ...）	在……条件下……的概率	条件概率
E	……情况的期望值	
V	……情况的值	
≌	……约等于……	

思考问题

以下是为本书的每一章提供的练习题，你可以用于测试自己对那一章内容的理解。这些问题的答案可在以下网址获得：

www.oup.co.uk/vsi/logic

第一章：以下推理是否具有演绎效度或者归纳效度，或者两种效度都不具有？为什么？乔塞是西班牙人，大多数西班牙人都是天主教教徒，因此乔塞是个天主教教徒。

第二章：请用逻辑符号来表示以下推理，并估算它的效度。琼斯要么是个流氓，要么是个傻瓜，但他肯定是一个流氓，因此他不是个傻瓜。

第三章：请用逻辑符号来表示以下推理，并估算它的效度。某个人要么看见了射击，要么听见了射击声，因此要么有人看见了射击，要么有人听见了射击声。

第四章：请用逻辑符号来表示以下推理，并估算它的效度。每个人都曾想要获奖，因此那个赢得赛跑的人也曾想要获奖。

第五章：请用逻辑符号来表示以下推理，并估算它的效度。你做了个煎蛋，而且你不做煎蛋就不会打破一个鸡蛋，因此你打破了一个鸡蛋。

第六章：请用逻辑符号来表示以下推理，并估算它的效度。猪不可能飞翔，而且猪也不可能在水下呼吸，因此猪既没有飞翔也没有在水下呼吸肯定为真。

第七章：请用逻辑符号来表示以下推理，并估算它的效度。如果你信仰上帝，那么你便去教堂（做礼拜）；你去了教堂，因此你信仰上帝。

第八章：请用逻辑符号来表示以下推理，并估算它的效度。雨一直下到现在，且将来一直会下，因此现在正下着雨。

第九章：请用逻辑符号来表示以下推理，并估算它的效度。帕特是位妇女，且那个曾经擦窗户的人不是妇女，因此帕特不是那个曾经擦窗户的人。

第十章：请用逻辑符号来表示以下推理，并估算它的效度，其中，可接受程度为0.5。珍妮很聪明，且要么珍妮不聪明，要么她很漂亮，因此珍妮很漂亮。

第十一章：以下是从10个人（用1—10来表示）那里收集来的数据，组成了一个集合。

	1	2	3	4	5	6	7	8	9	10
高	√		√		√				√	
富有	√		√		√		√	√		
快乐	√	√		√	√			√	√	

如果r是从这个集合里任意选取的一个人，请估算一下这个推理的归纳效度。r又高又富有，因此r很快乐。

第十二章：假设有两种疾病A和B，它们有相同的症状。有这种症状的人中有90%患的是A病，剩下的10%患的是B病。我们同时假设有一种病理检查可区分A病和B病。检查的正确率为十分之九。

1. 当对任意选择的一个人进行检查时，检查结果是他患有B病的概率是多少？（提示：考虑一个典型样本，即100个有这种症状的人，然后计算出多少人会患B病。）
2. 在经过检查患有B病的人中，某人真正患有B病的概率是多少？（提示：你得利用第一个问题作答。）

第十三章：你租了一辆汽车。如果不参加保险而发生交通事故，就会让你花掉1500美元。如果参加了保险而发生交通事故，你只需花掉300美元。保险费为90美元，且你估算的事故概率为0.05。假如只从金钱上考虑，你应该参加保险吗？

译名对照表

A

acceptability, level of 可接受程度

Alice (*in Wonderland* and *Through the Looking Glass*)《爱丽丝》(《爱丽丝漫游奇境》和《镜中世界》)

antecedent 前件

B

begging the question 回避问题实质

C

change 变化

Characterization Principle (CP) 特性原则

conclusion, *see* premiss (es) 结论

conditional 条件句

conjunction 合取命题

consequent 后件

conversational implicature 会话含义

D

decision theory 决策论

description (definite)(限定)摹状词

disjunction 析取命题

E

existence 存在

expectation 期望值

I

inference 推理

interpretation 解释

is (of identity or predication) 是(表示身份或述谓)

L

Leibniz's Law 莱布尼茨定律

logic 逻辑学

M

Möbius strip 麦比乌斯带

model 模型

modus ponens 假言推理

N

name 名称

empty n. 空名称

proper n. 专有名称

necessity 必然性

negation 否定

nothing (ness) 空

O

object 对象,事物

operator 算子
  modal o. 模态算子
  tense o. 时态算子

P

paradox 悖论
  liar p. 骗子悖论
  Russel's p. 罗素的悖论
  sorites paradoxes 连锁推理悖论
possibility 可能性
possible worlds 可能世界
predicate 谓语
premiss (es) and conclusion 前提和结论
Principle of Indifference 中立法则
probability 概率
  conditional p. 条件概率
  inverse p. 逆概率
  prior p. 先验概率
property 属性

Q

quantifier 量词
  particular (existential) q. 特称(存在)量词
  universal q. 全称量词

R

reasoning 推理
  practical r. 实践推理
reference class 基准组类

S

self-reference 自我指代
Sherlock Holmes 夏洛克·福尔摩斯
Ship of Theseus 提修斯之舟
situation 情形
structure 体系
subject 主语
syllogism 三段论

T

tense 时态
truth 真值

V

vagueness 模糊性
  higher order v. 高位数模糊(性)
validity 有效性
  deductively v. 演绎有效性
  inductively v. 归纳效度
  vacuous v. 空有效
value (of a state of affairs) (事物某种状态下的)值

参考文献

Gracely, E. J. 'Playing Games with Eternity: the Devil's Offer', *Analysis* 48 (1988), p.113.

Haack, S. *Deviant Logic* (Cambridge: Cambridge University Press, 1974).

Heath, P. 'Nothing', pp. 524-5, Vol. 5, of P. Edwards (ed.), *Encyclopedia of philosophy* (London: Macmillan, 1967).

Heath, P. *The Philosopher's Alice* (New York, NY: St. Martin's Press, 1974).

Hick, J. *Arguments for the Existence of God* (London: Collier-Macmillan Ltd., 1964).

Hodges, W. *Logic* (London: Penguin Books, 1977).

Howson, C. and Urbach, P. *Scientific Reasoning: the Bayesean Approach* (La Salle, IL: Open Court, 1989).

Hughes, G. E. and Cresswell, M. *A New Introduction to Modal Logic* (London: Routledge, 1996).

Jeffrey, R. *The Logic of Decision* (Chicago: University of Chicago Press, 2nd edition, 1983).

Lemmon, E. J. *Beginning Logic* (London: Thomas Nelson and Sons Ltd., 1971).

Kneale, W. and M. *The Development of Logic* (Oxford: Clarendon Press, 1975).

Mellor, D. H. *Real Time* (Cambridge: Cambridge University Press, 1981. 2nd edition, London: Routledge, 1998).

Øhrstrøm, P. and Hasle, P. F. V. *Temporal Logic: from Ancient Ideas to Artificial Intelligence* (Dordrecht: Kluwer Academic Publishers, 1995).

Read, S. *Thinking about Logic: an Introduction to the Philosophy of Logic* (Oxford: Oxford University Press, 1994).

Sainsbury, R. M. *Paradoxes* (Cambridge: Cambridge University Press, 2nd edition, 1995).

Sanford, D. H. *If P then Q: Conditionals and the Foundations of Reasoning* (London: Routledge, 1989).

Skyrms, B. *Choice and Chance* (Encino, CA: Dickenson Publishing Co., 1975).

Strawson, P. *Introduction to Logical Theory* (London: Methuen & Co., 1952).

Williamson, T. *Vagueness* (London: Routledge, 1994).